なおこ Naoko

Eyder Maxhenry

KUTUXA manga

Edición general y diseño: *Mayke Luis García Díaz (Maikel)*
Guión y Dibujos: *Eyder Maxhenry Garbey Bestard*

Sobre la presente edición:
© *Eyder Maxhenry Garbey Bestard*, 2024
© KUTUXA ediciones, 2024

ISBN: 9798876761781

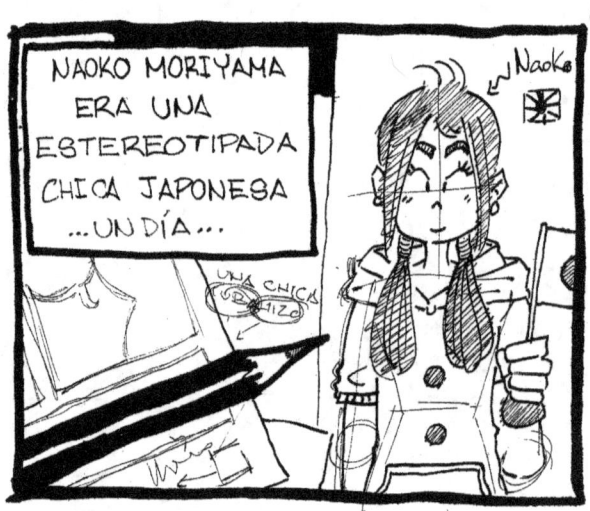

Gracias por adquirir nuestro libro.
El colectivo que ha hecho posible esta historieta se complacería mucho al leer sus quejas, sugerencias u opiniones acerca del ejemplar que usted tiene en sus manos.
¿Tendría un poco de tiempo para escribir una reseña en Amazon?
¡Siempre estaremos felices de recibir sus comentarios!
¡Muchísimas Gracias!

https://kutuxa.myspreadshop.co.uk/
https://www.spreadshirt.co.uk/shop/kutuxa
https://kutuxa.myspreadshop.de/
https://www.facebook.com/kutuxastore
http://maikelgarcia.com/HOME.html

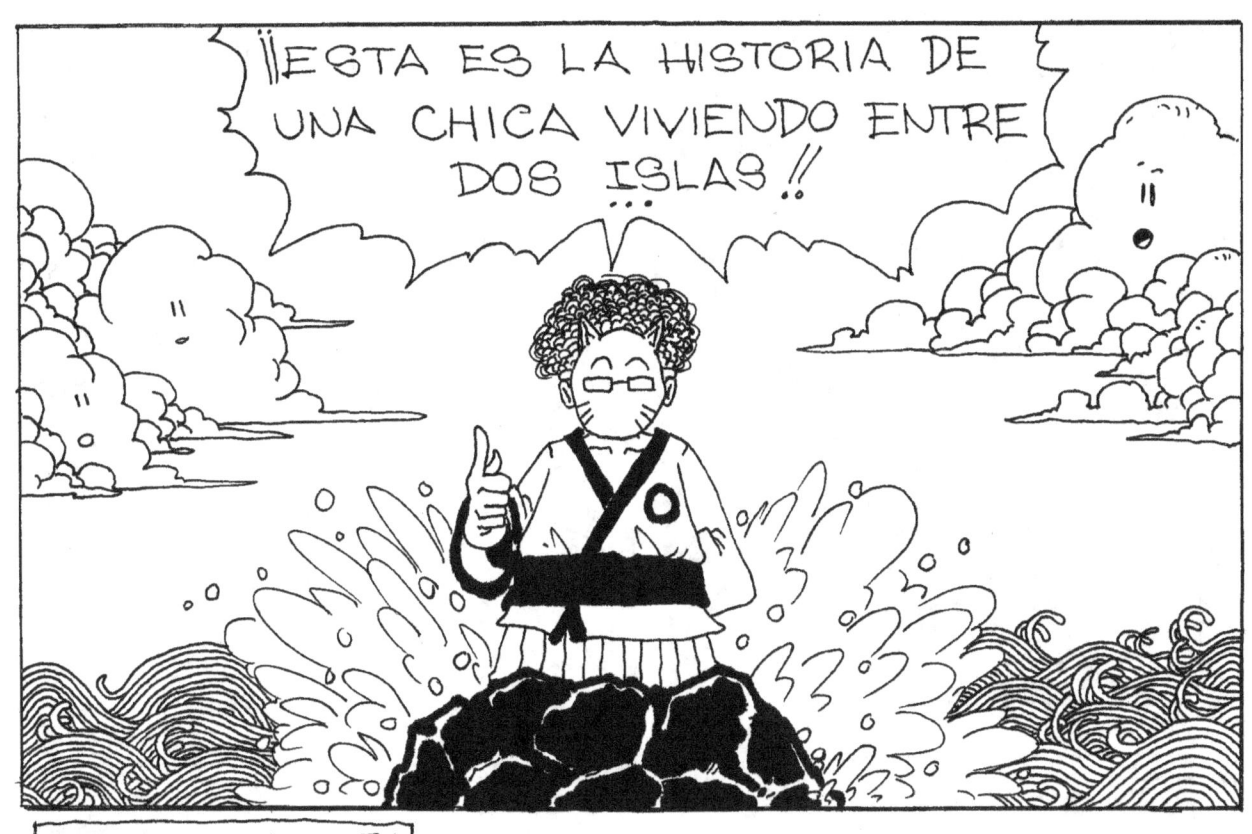

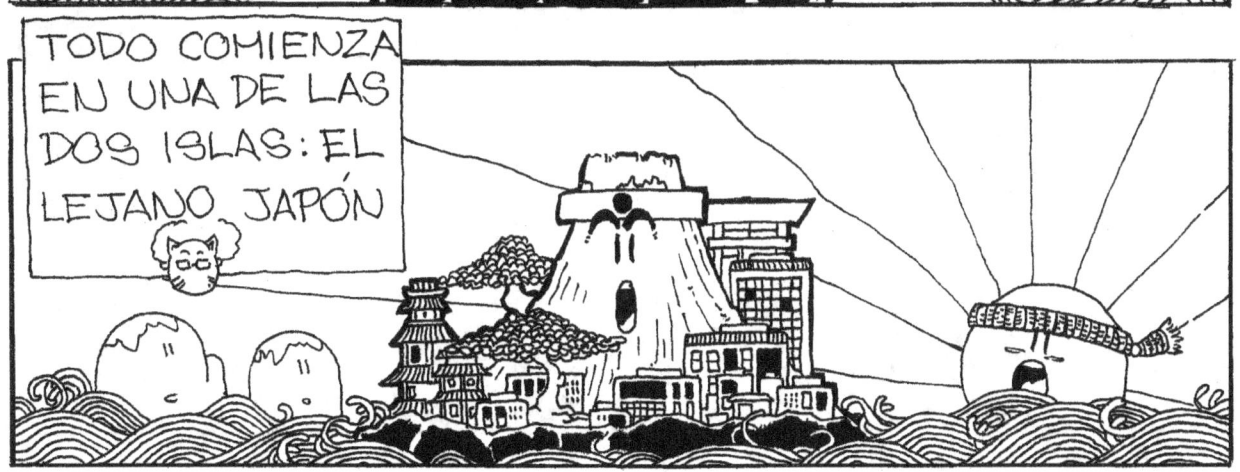

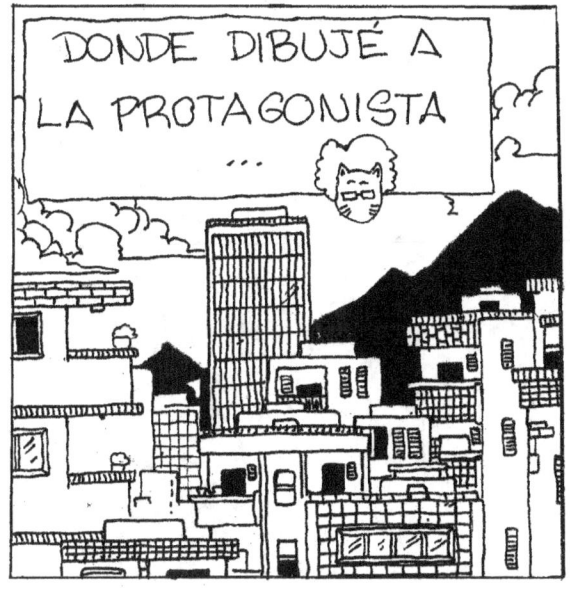

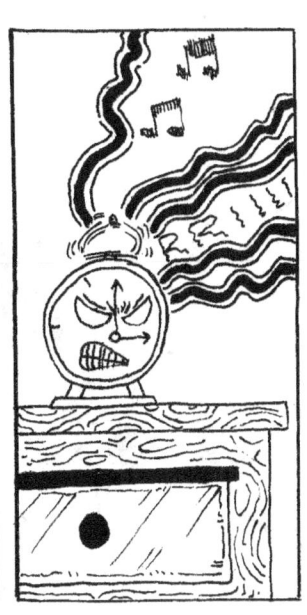

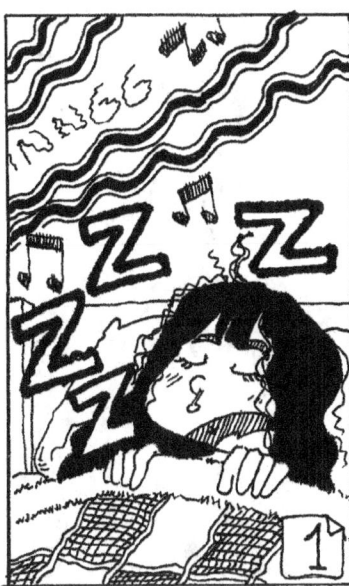

3

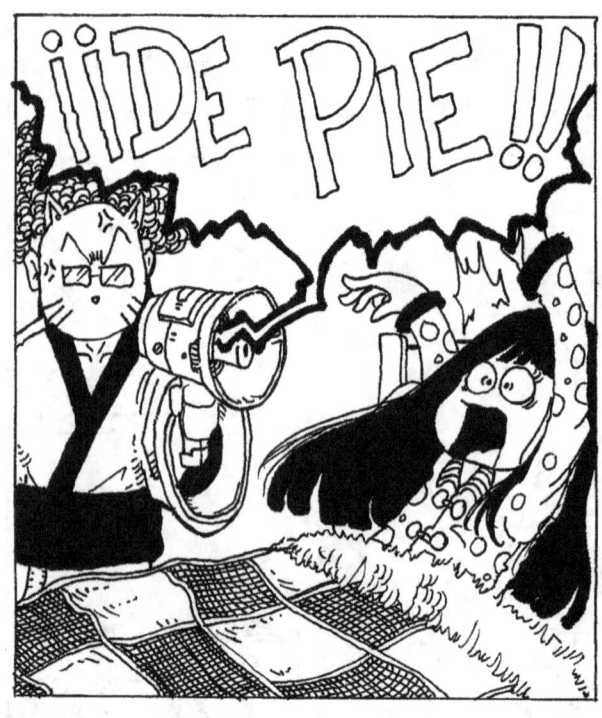

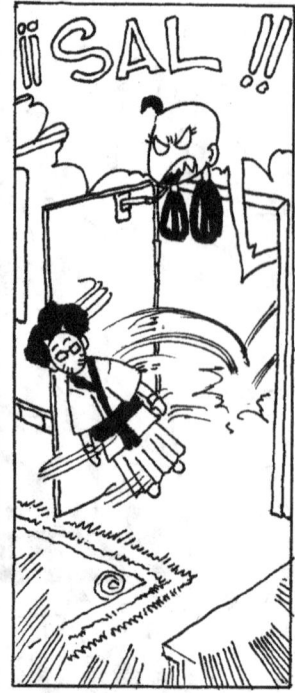

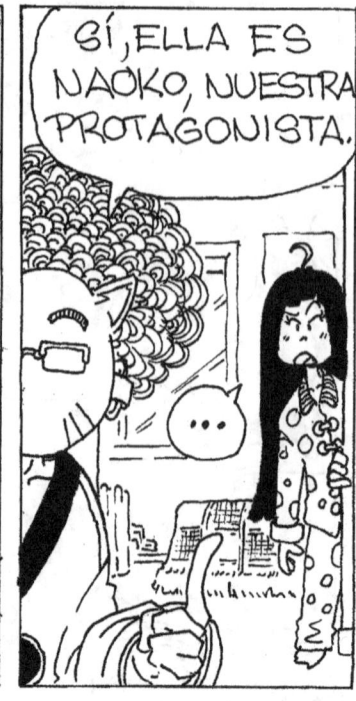

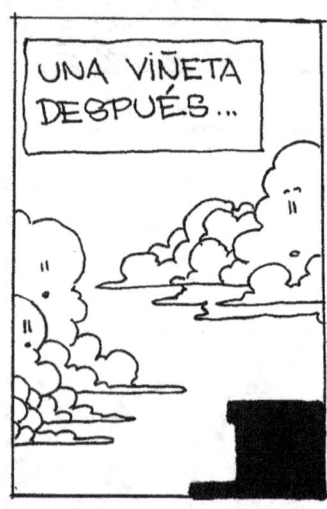

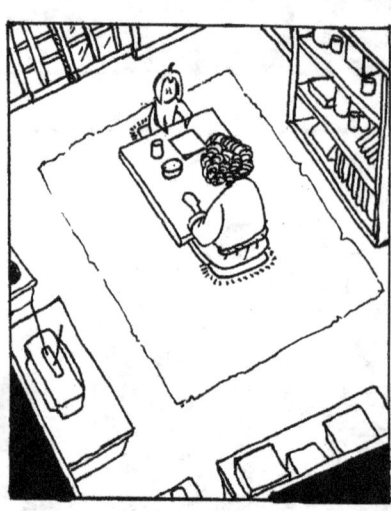

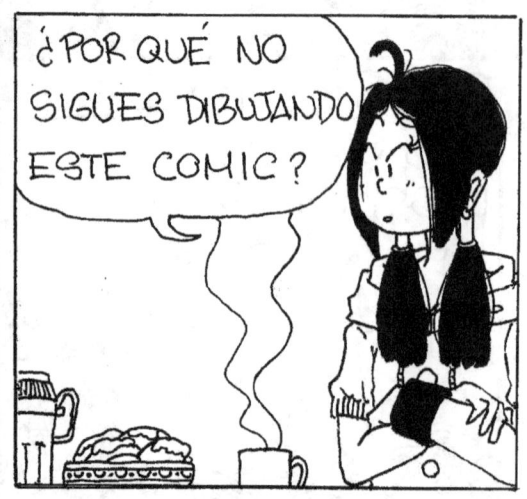

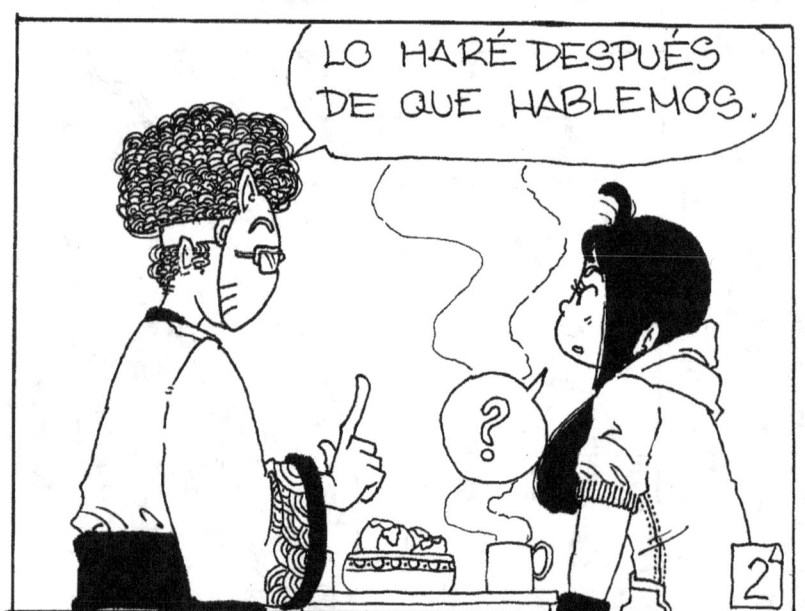

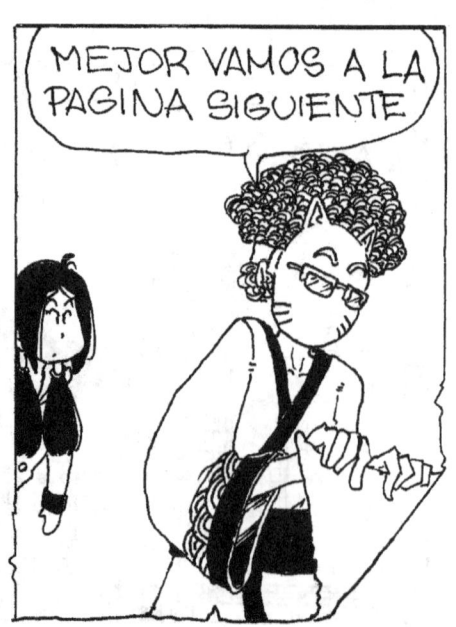

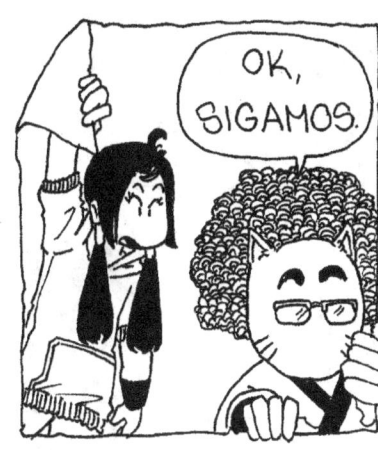

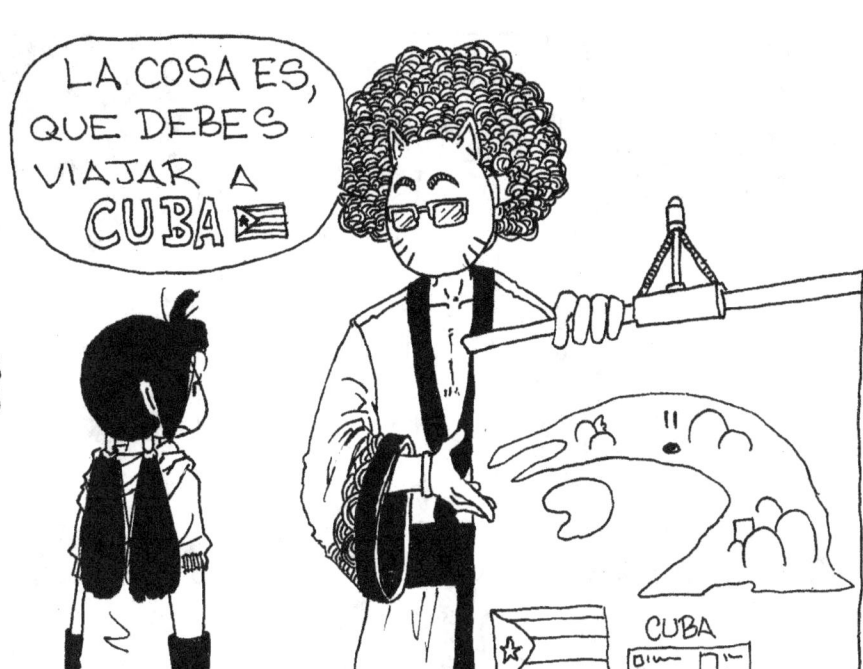

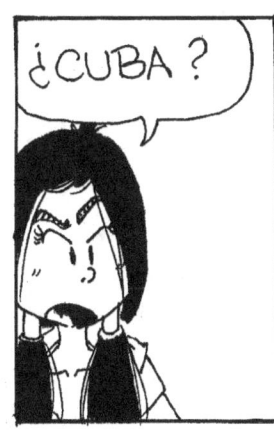

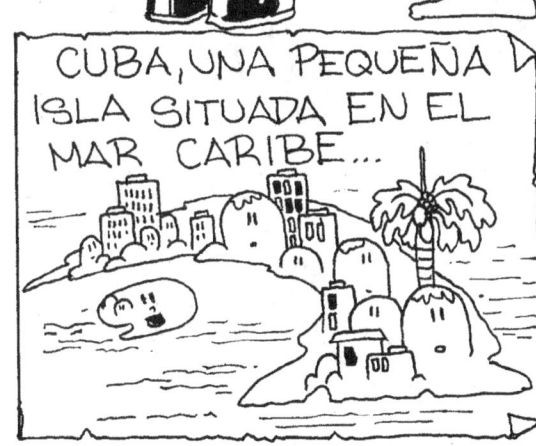

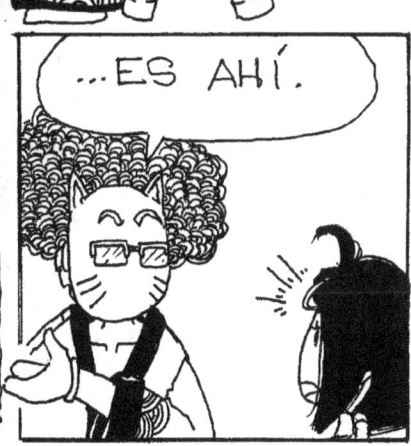

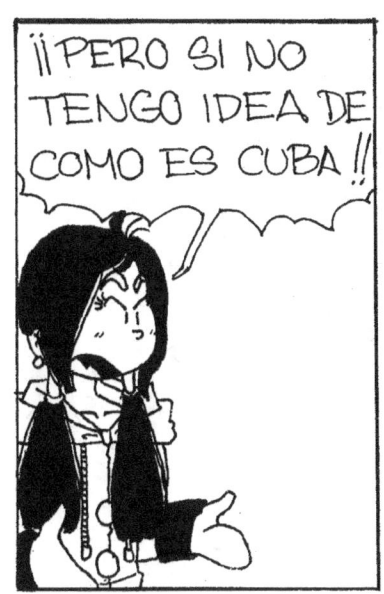

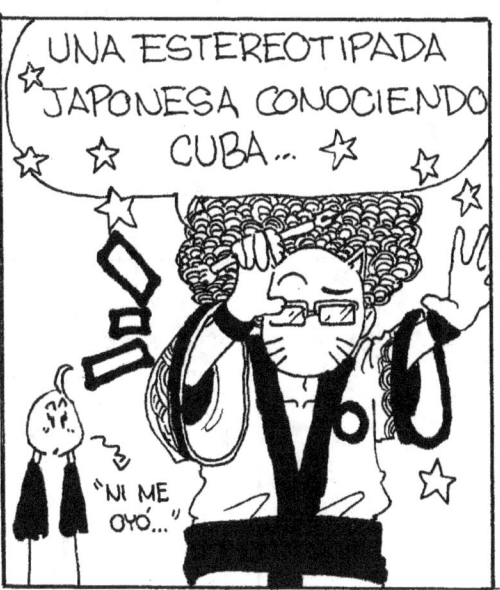

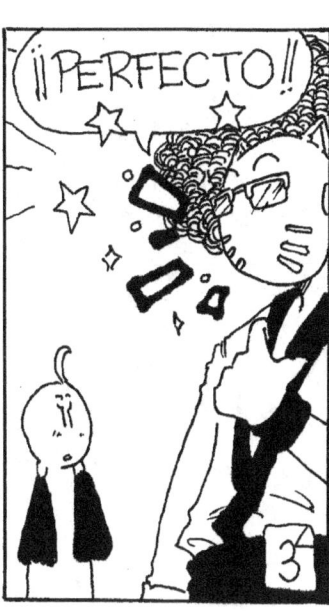

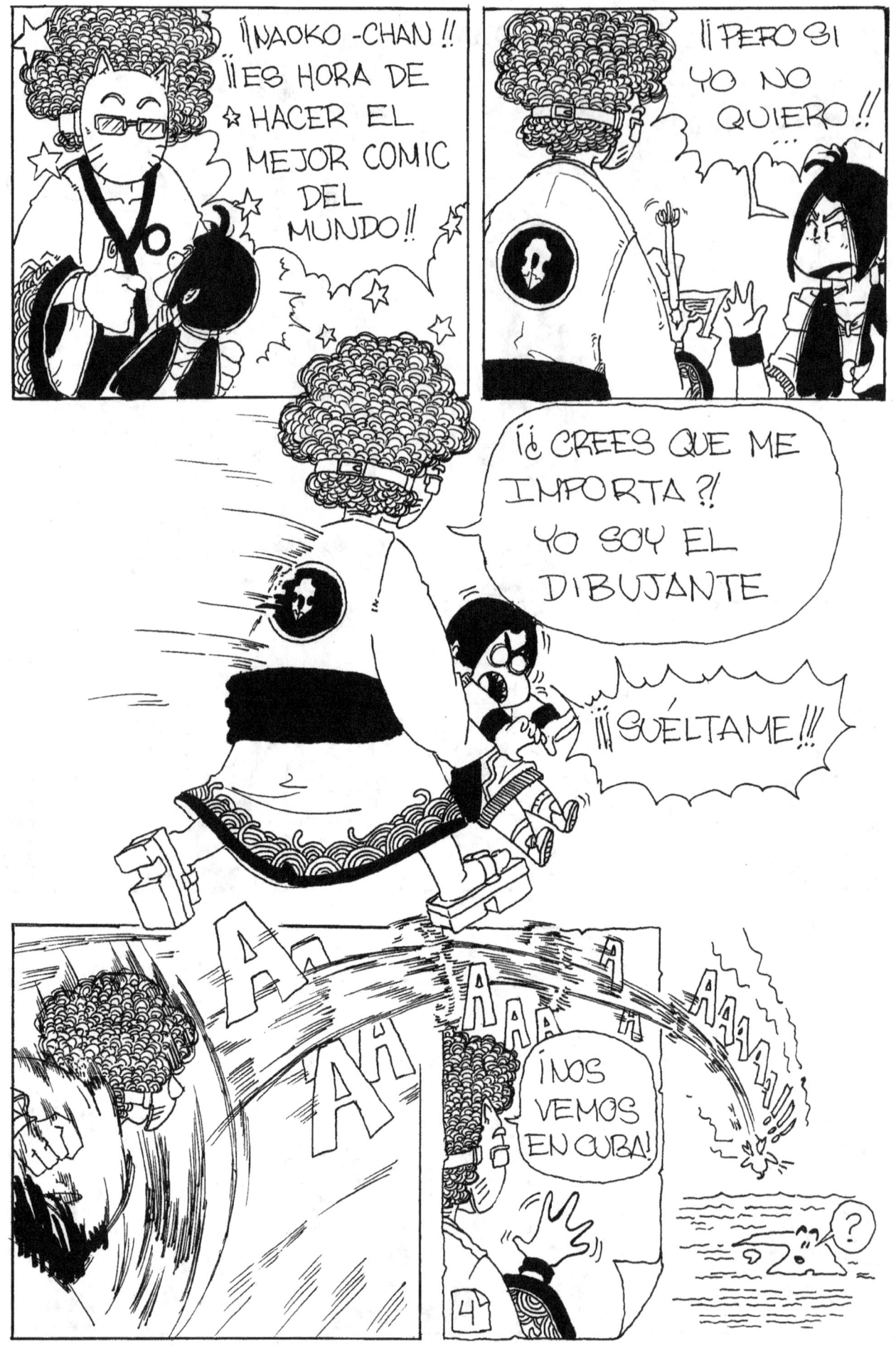

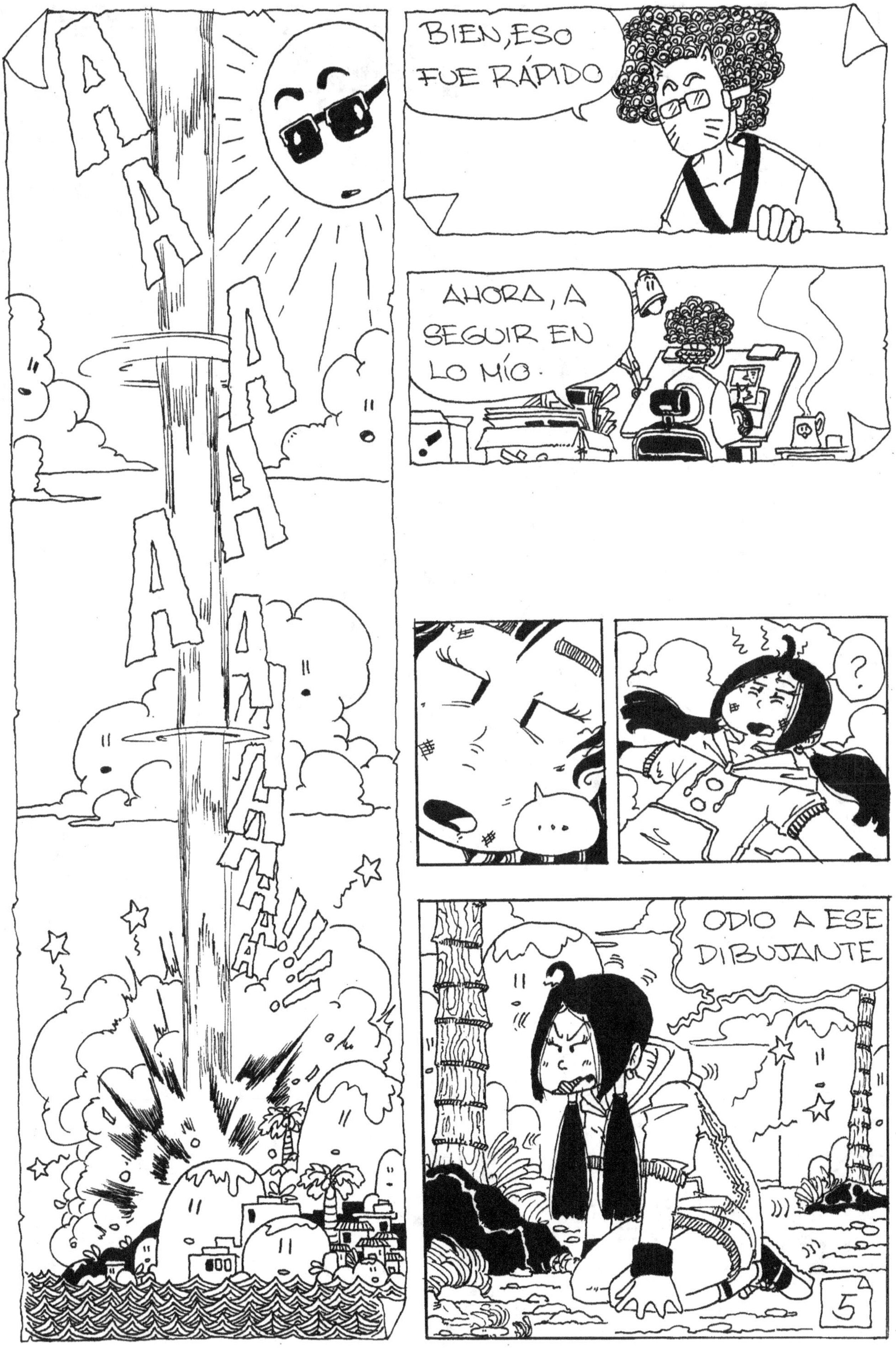

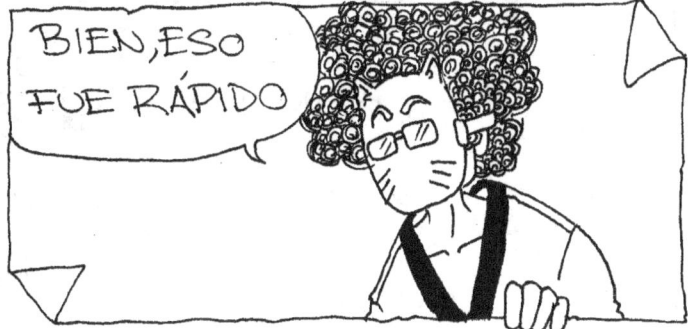

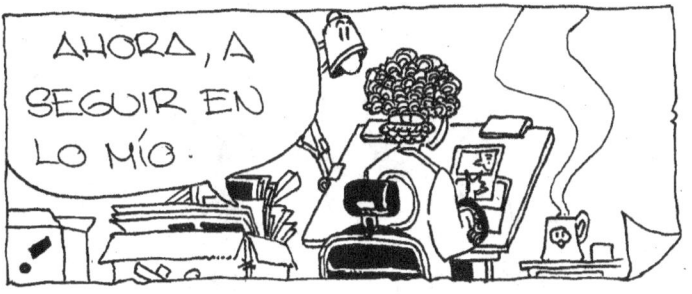

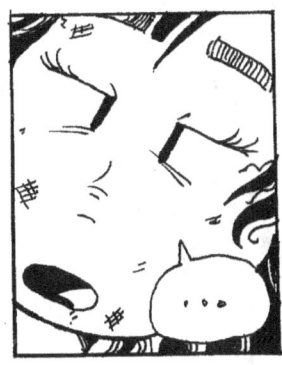
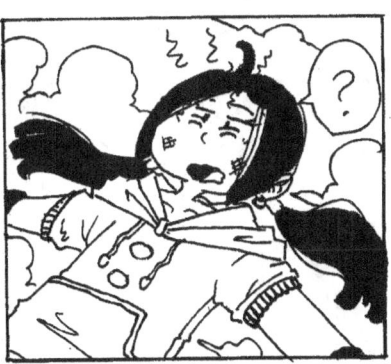

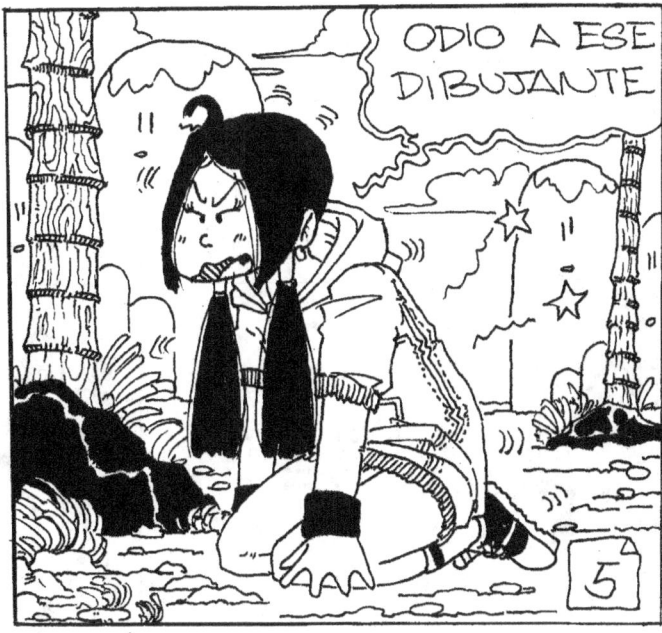

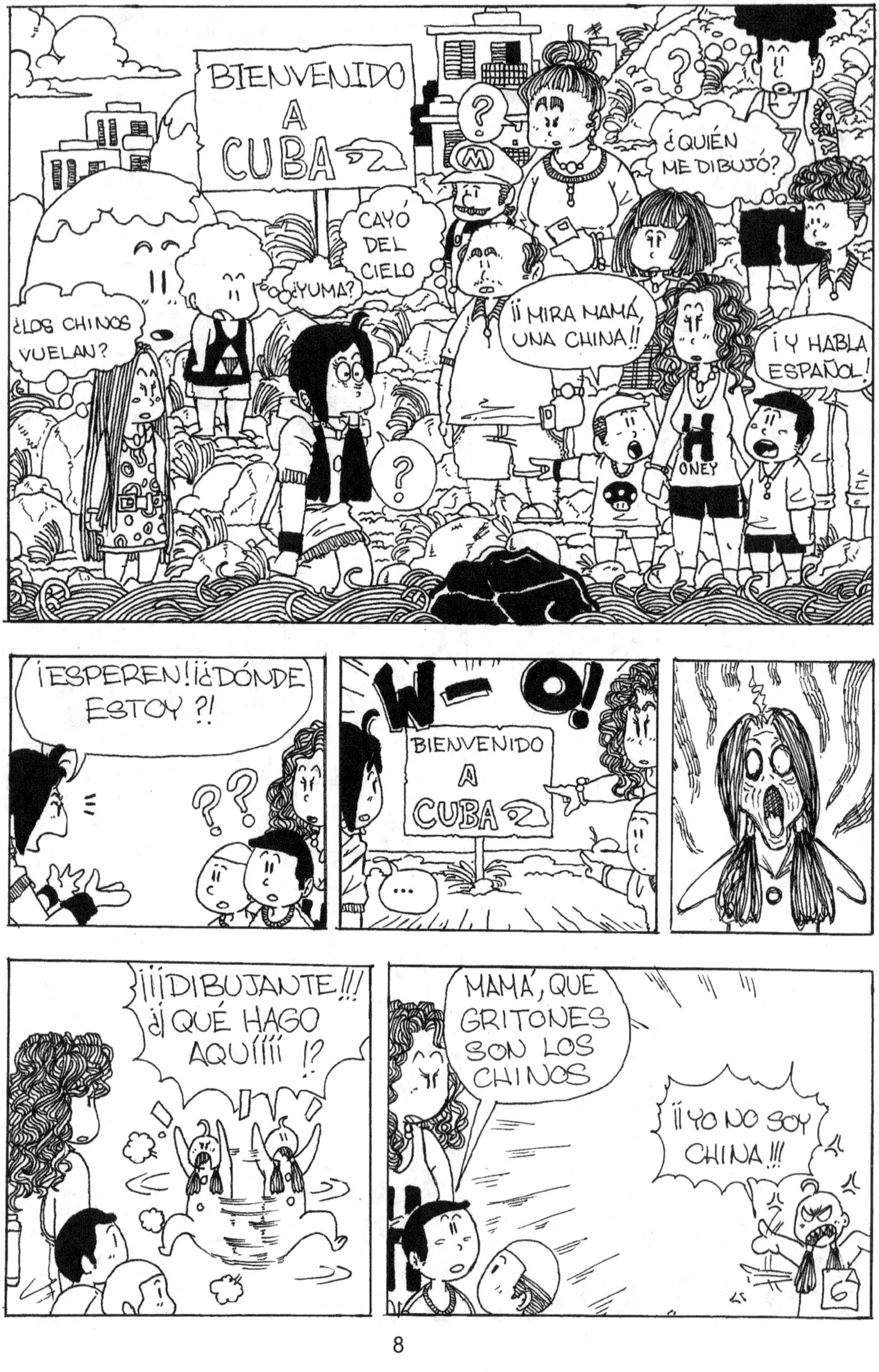

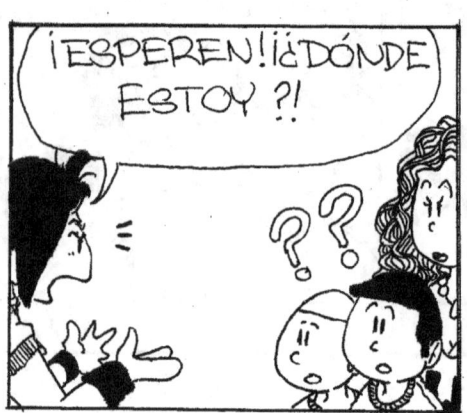

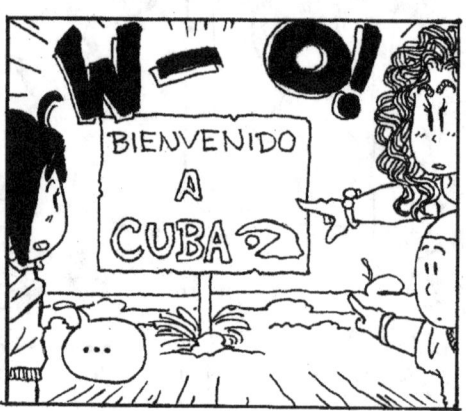

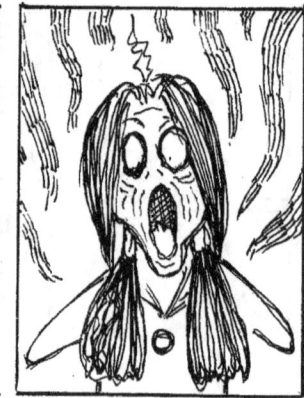

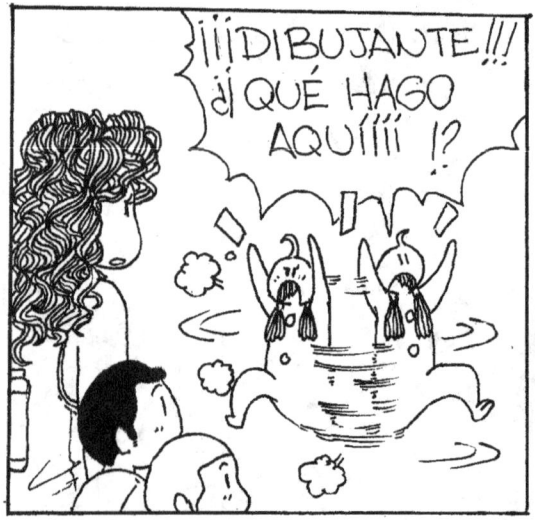

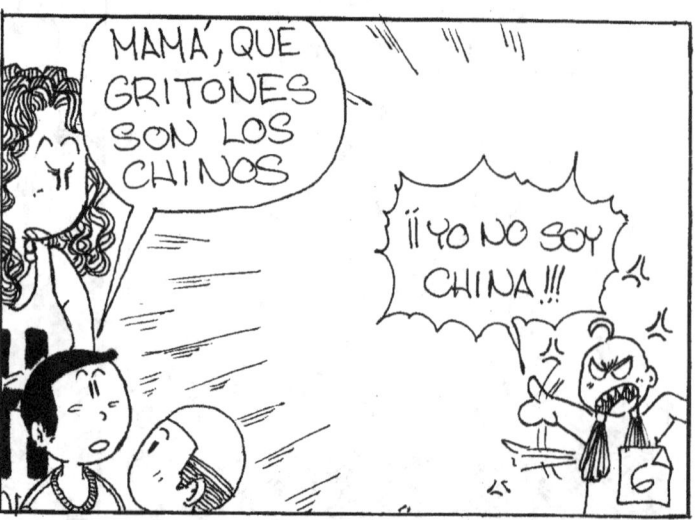

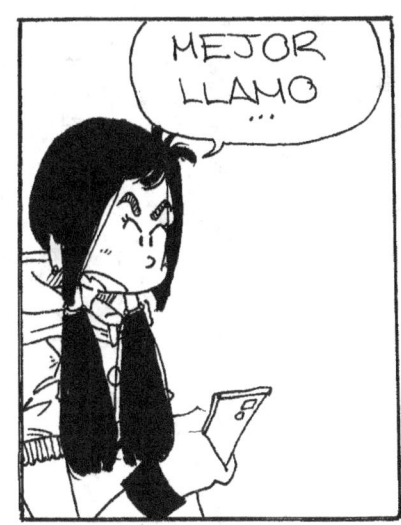

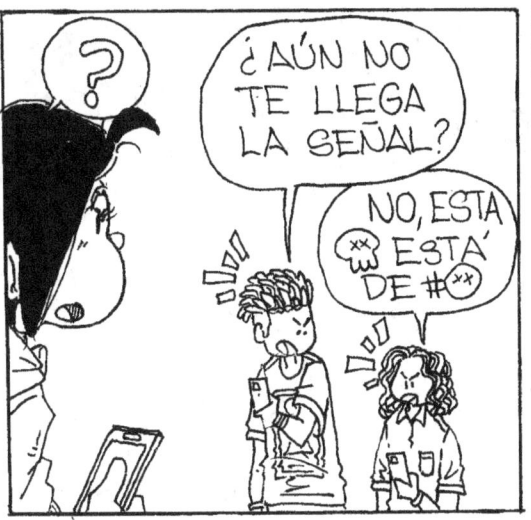

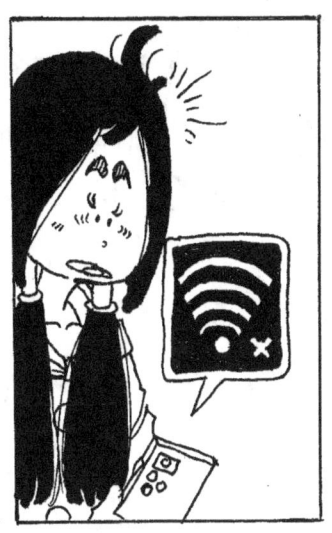

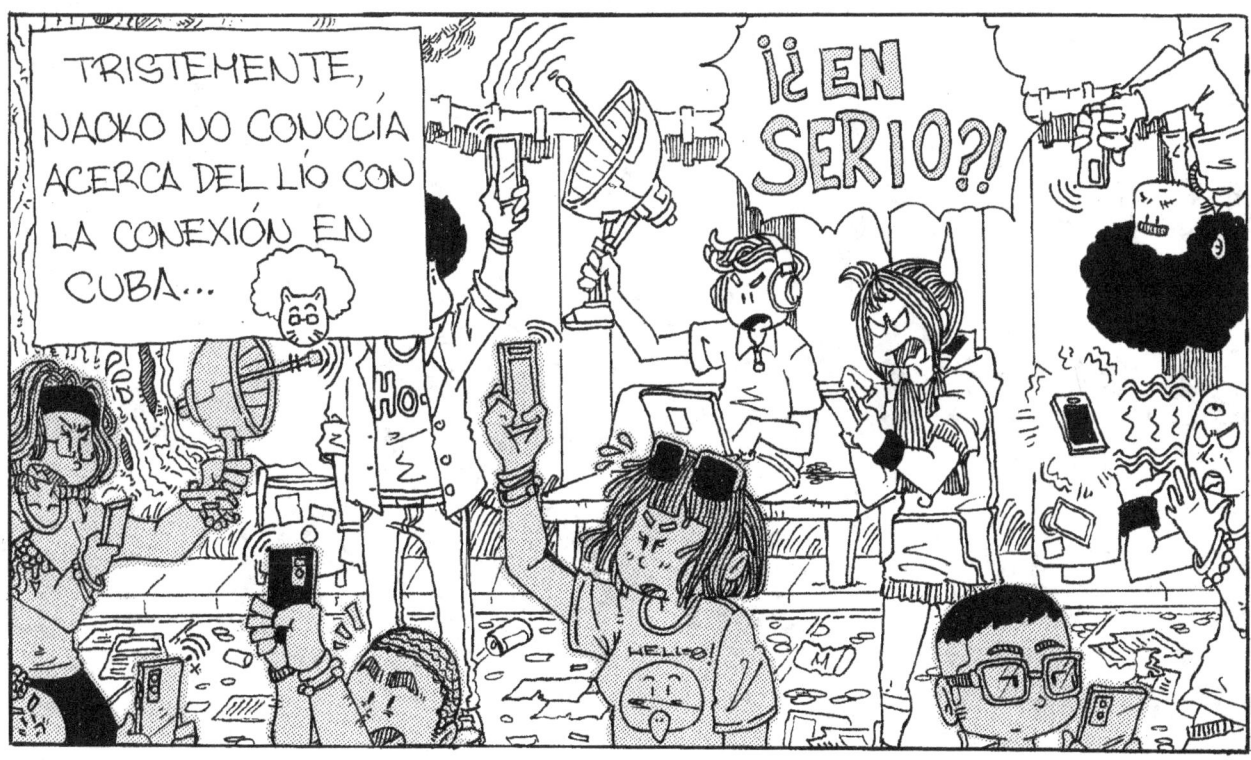

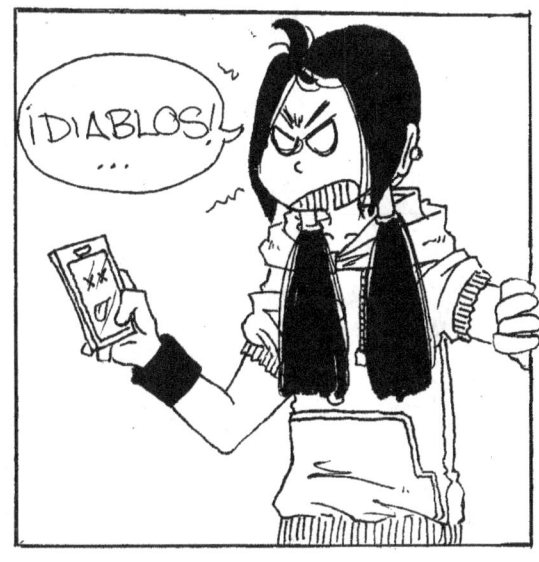

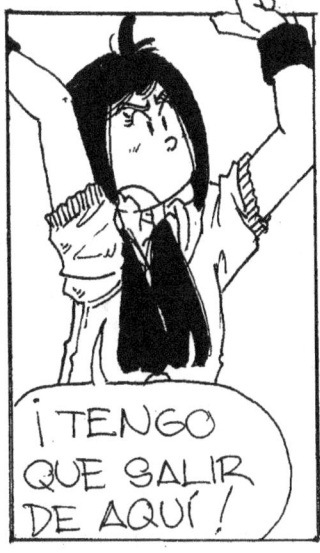

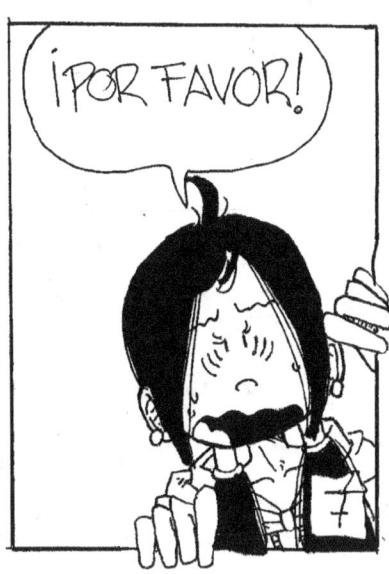

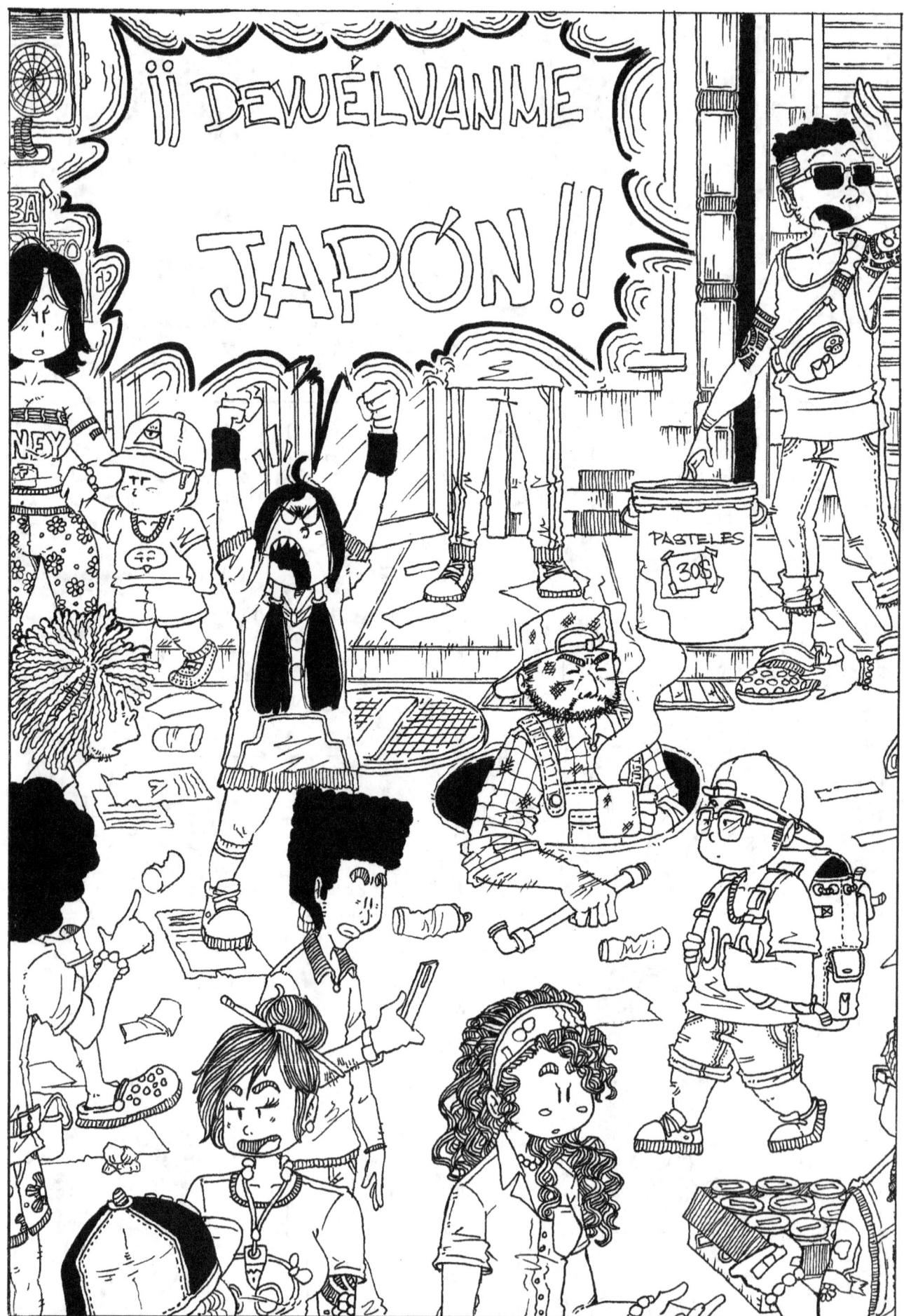

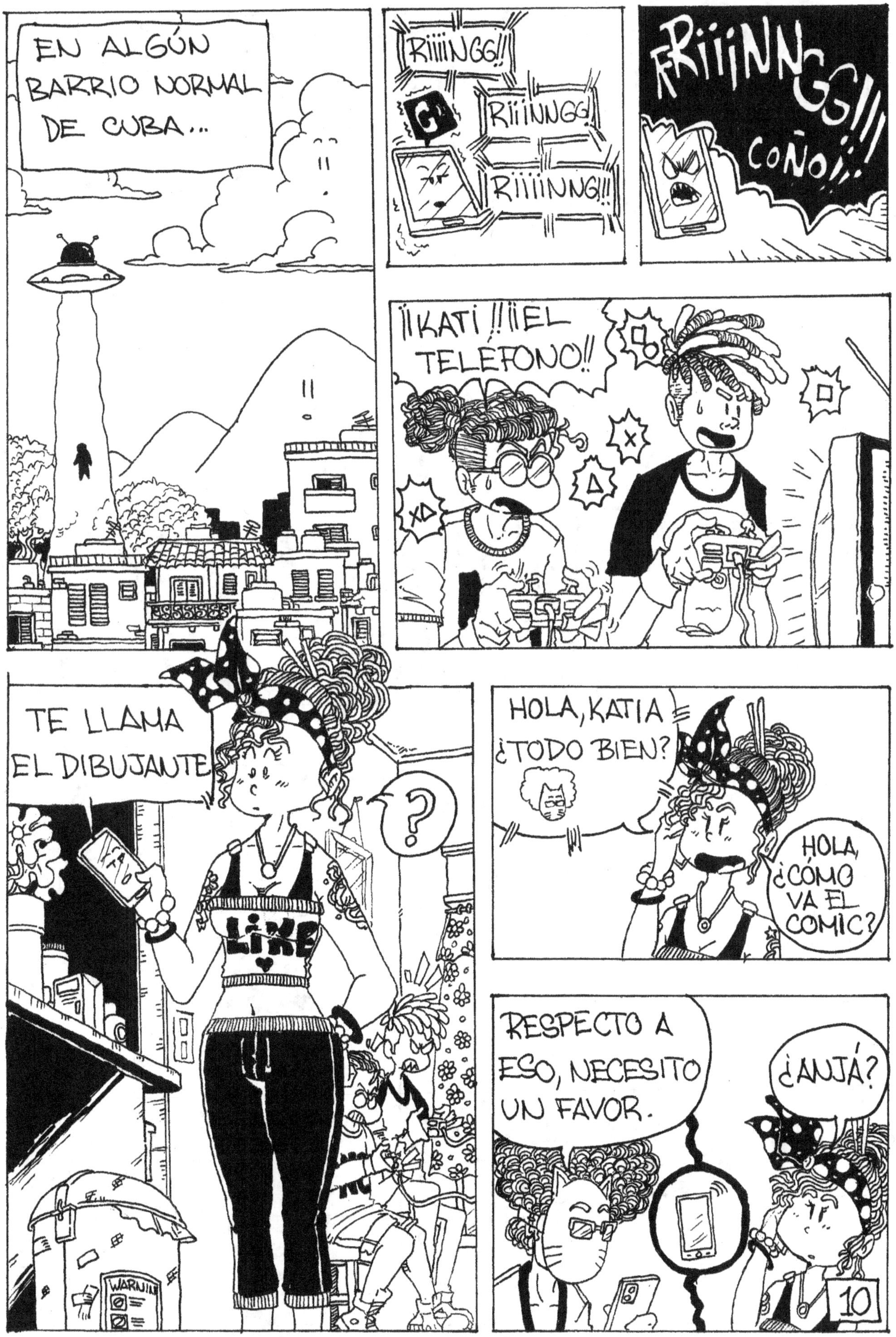

EN ALGÚN BARRIO NORMAL DE CUBA...

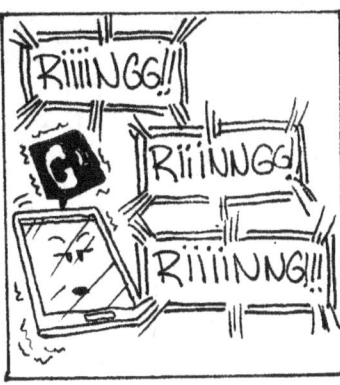

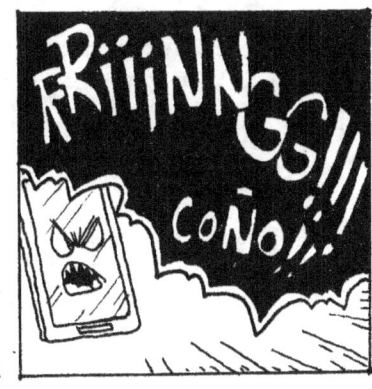

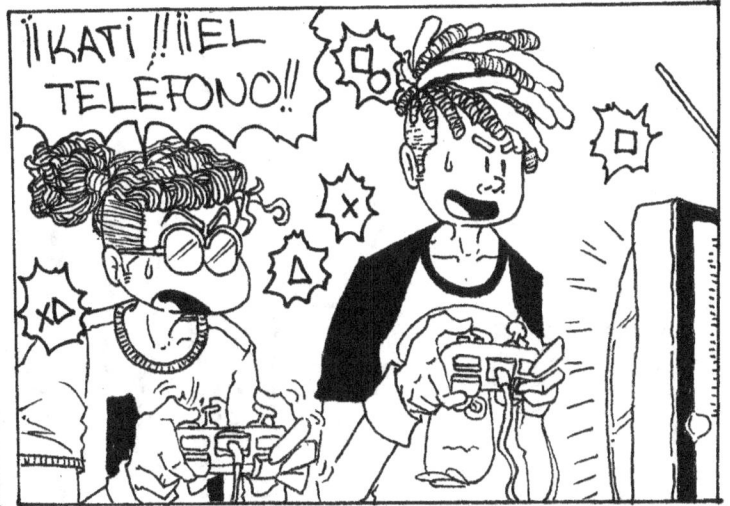

¡¡KATI!! ¡¡EL TELÉFONO!!

TE LLAMA EL DIBUJANTE

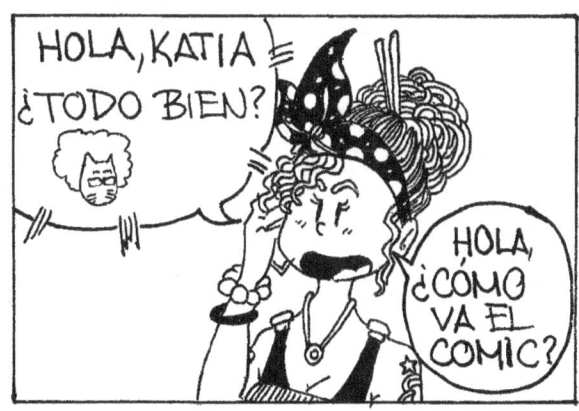

HOLA, KATIA ¿TODO BIEN?

HOLA, ¿CÓMO VA EL CÓMIC?

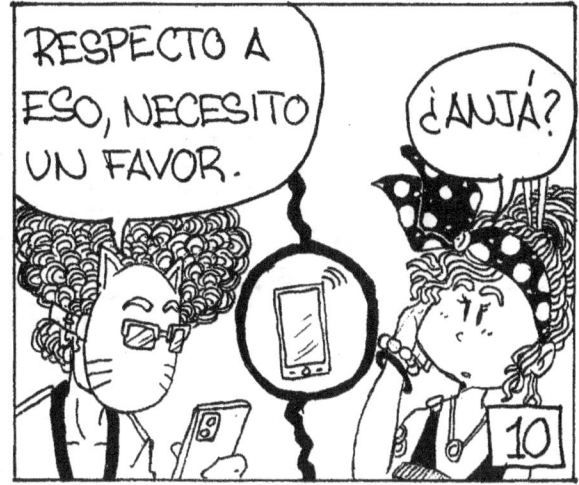

RESPECTO A ESO, NECESITO UN FAVOR.

¿ANJÁ?

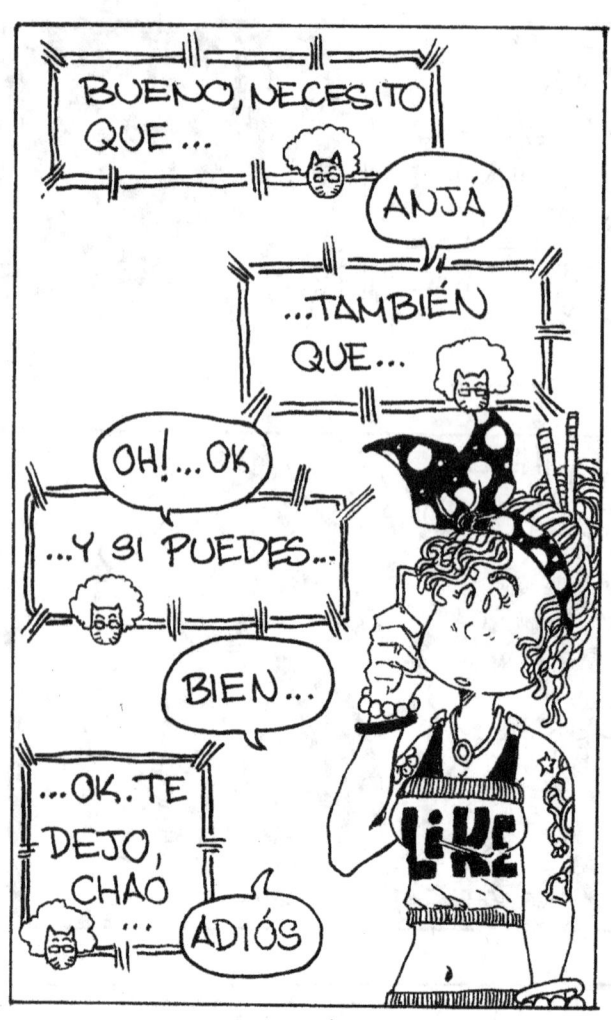

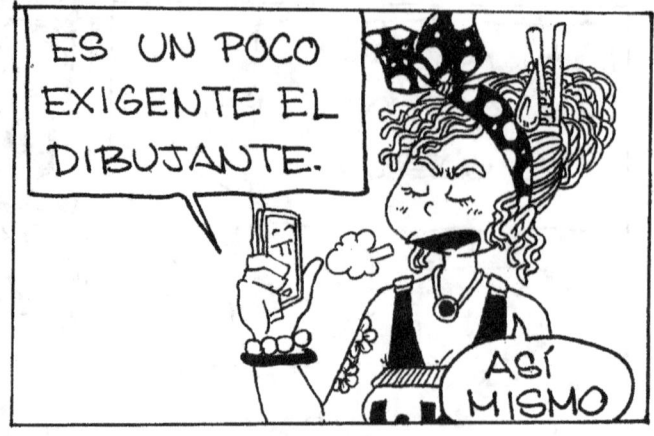

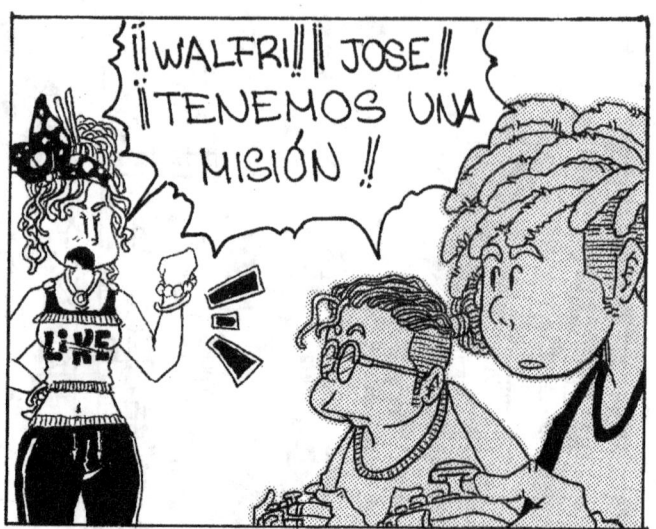

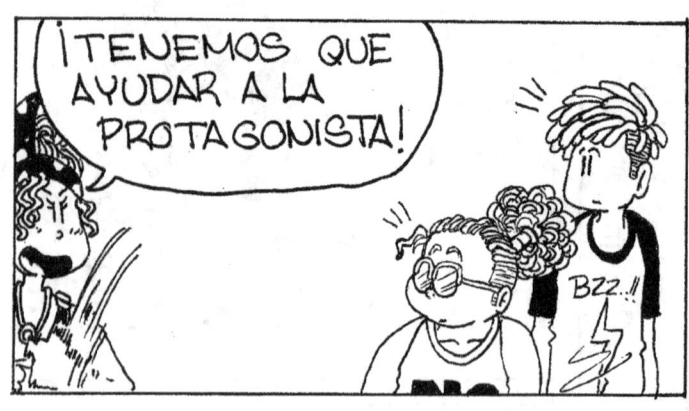

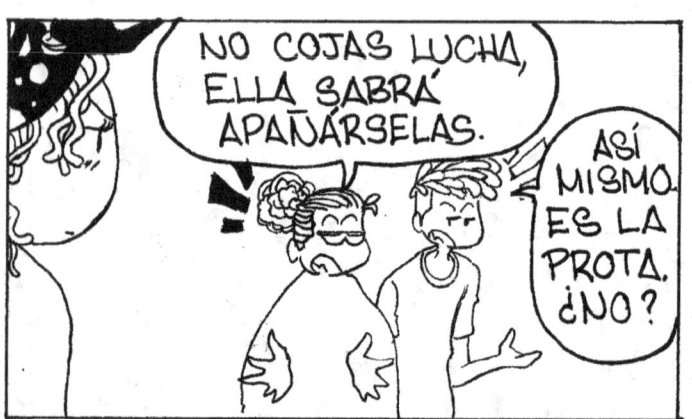

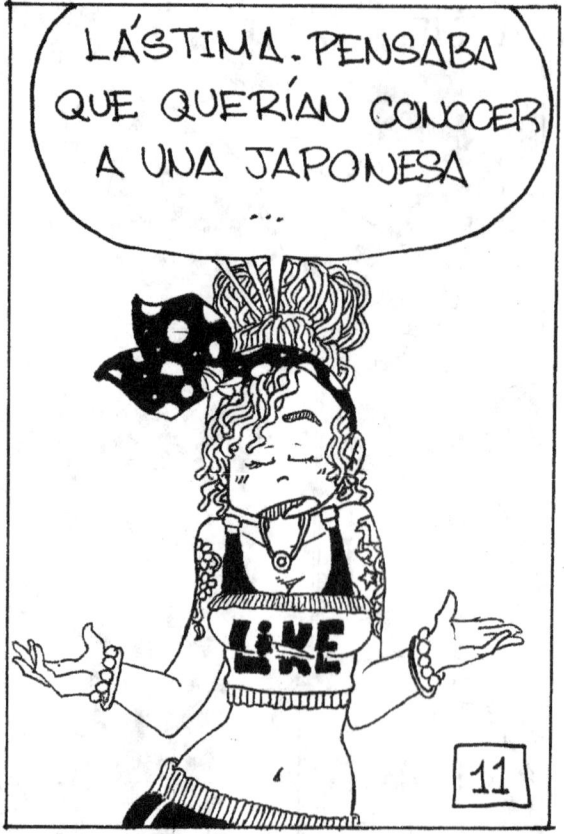

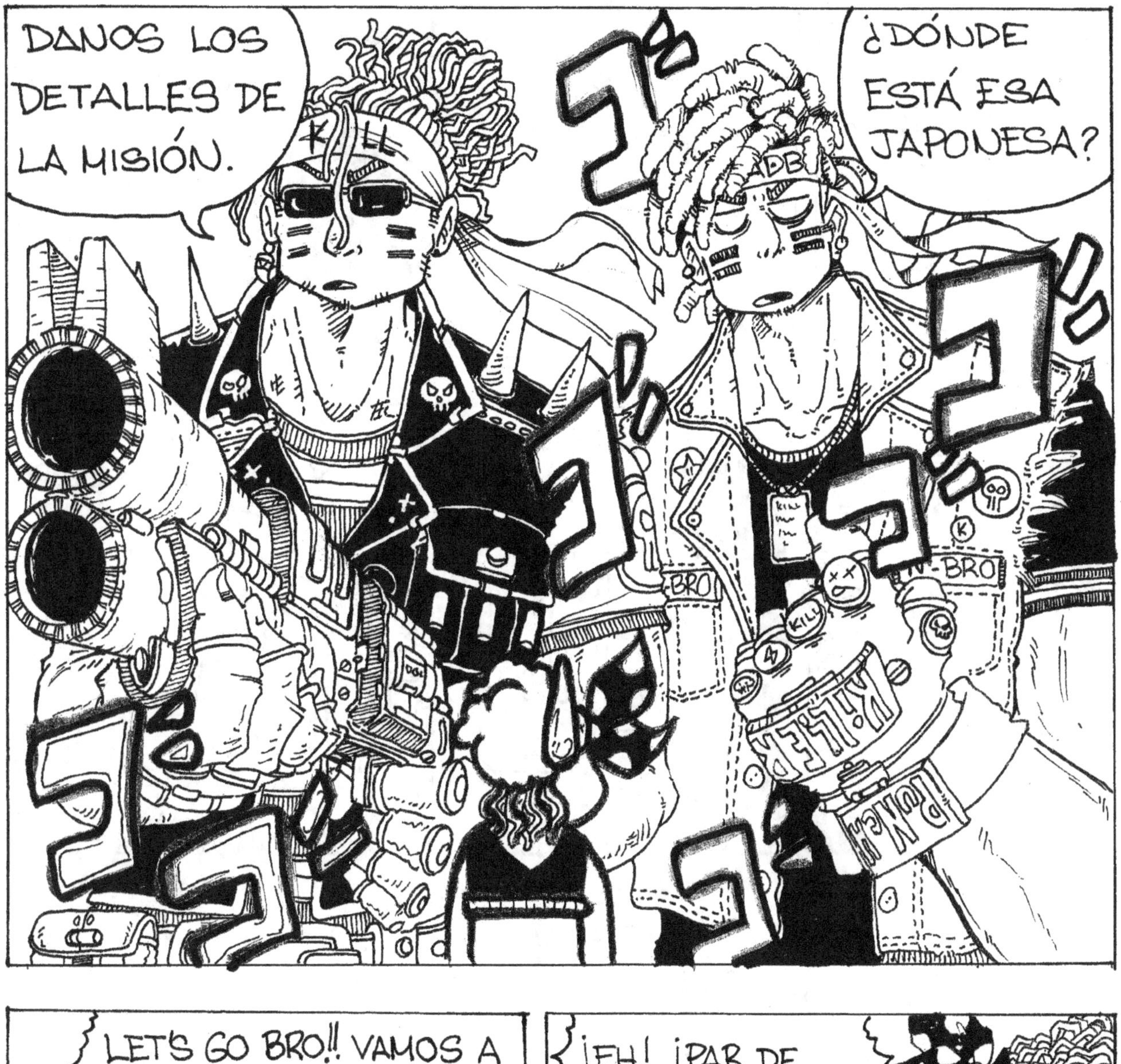

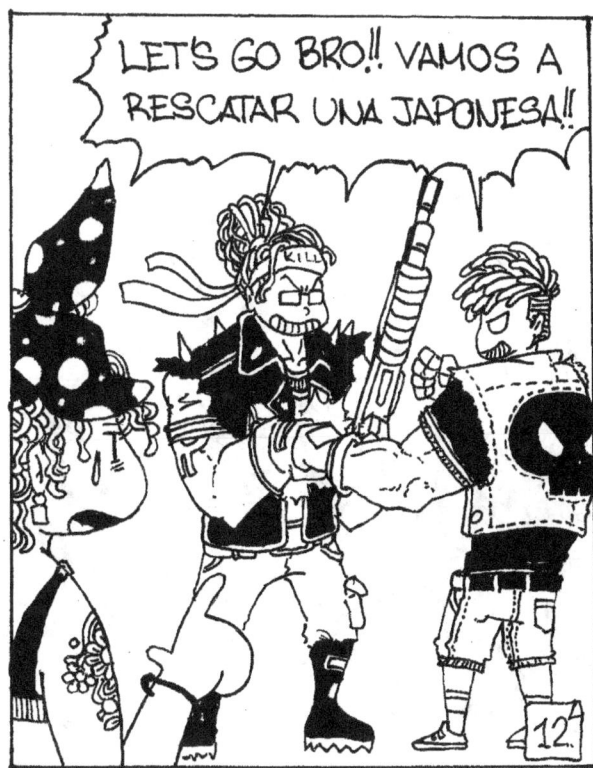

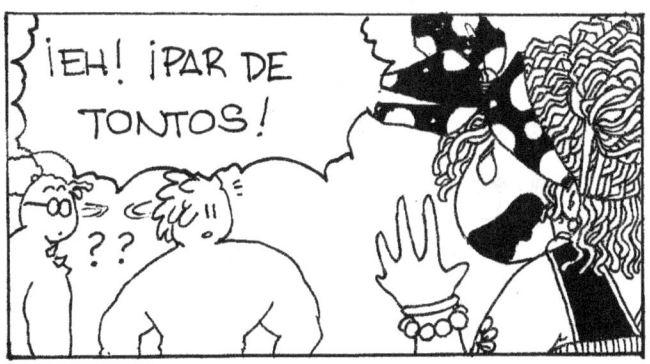

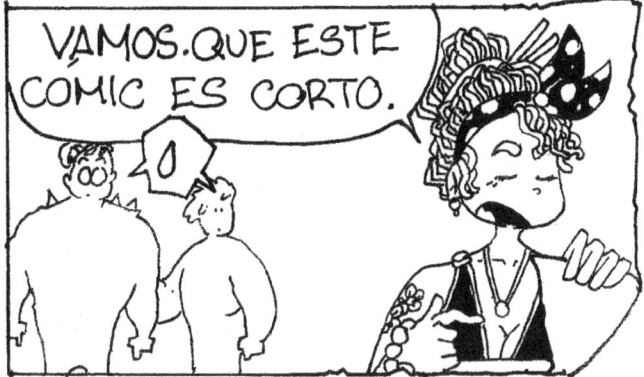

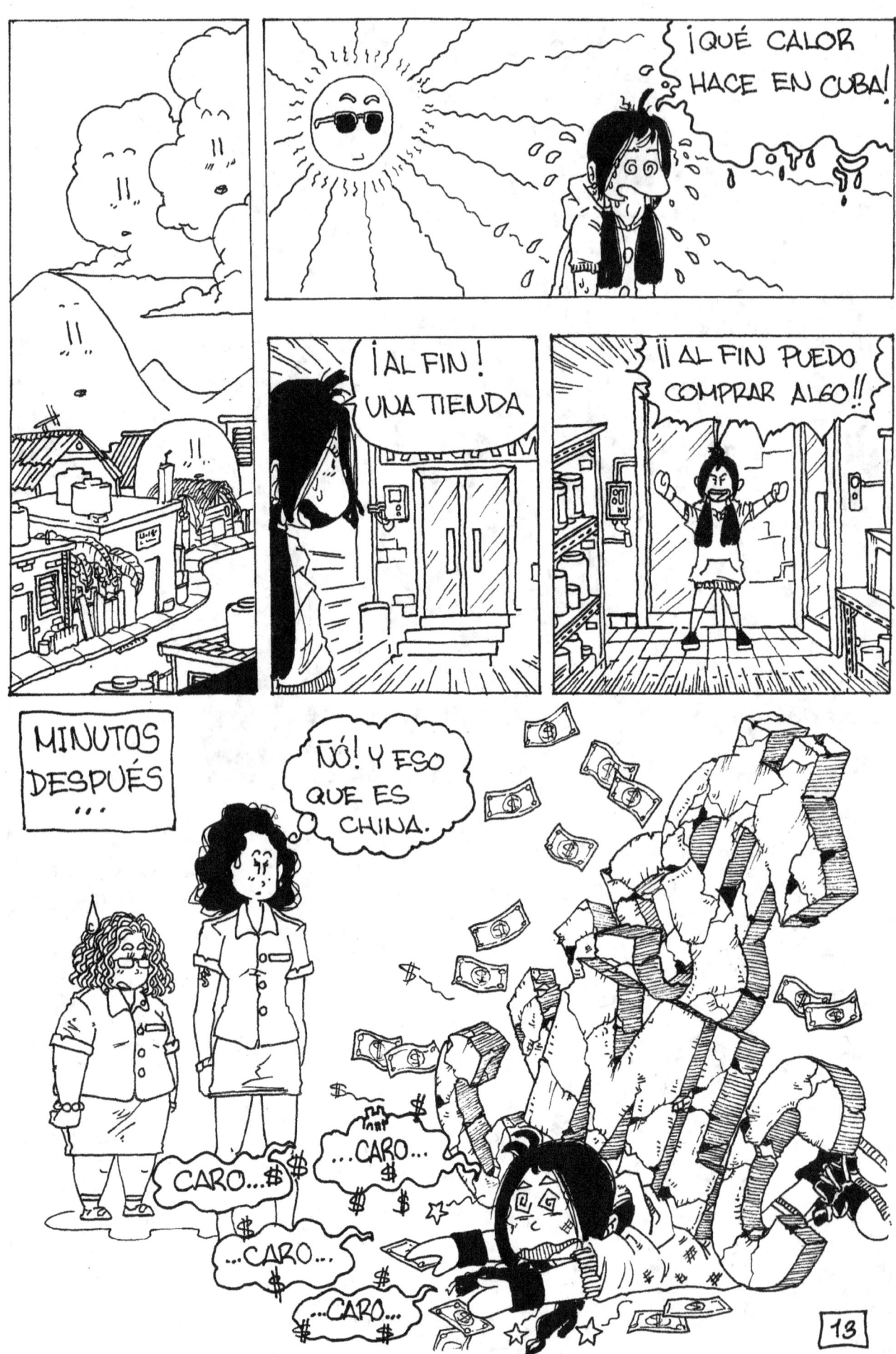

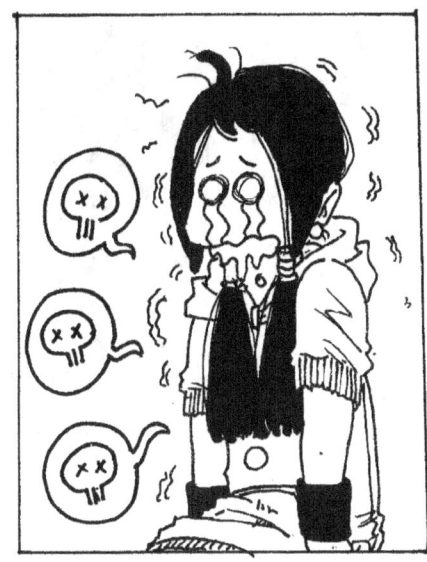

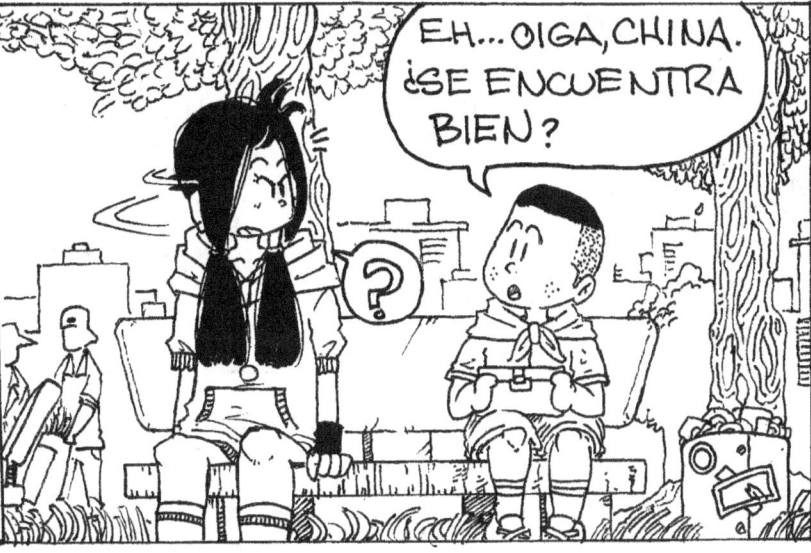

EH... OIGA, CHINA. ¿SE ENCUENTRA BIEN?

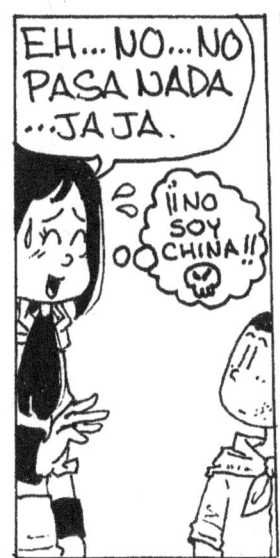

EH...NO...NO PASA NADA ...JAJA.

¡¡NO SOY CHINA!!

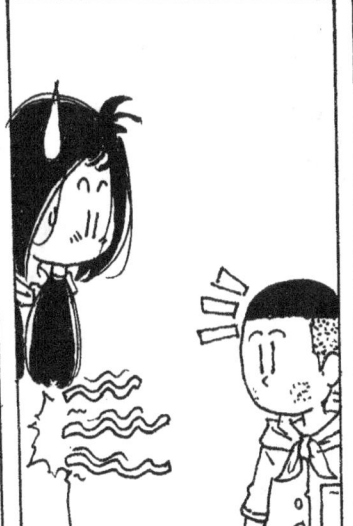

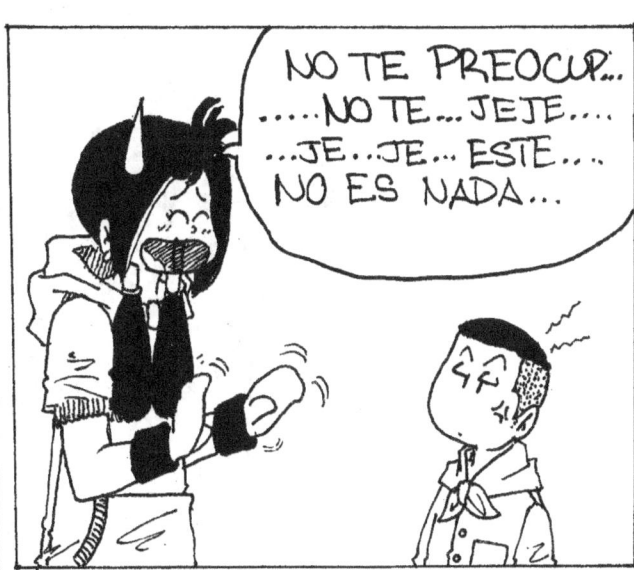

NO TE PREOCUP... .....NO TE...JEJE.... ...JE...JE... ESTE... NO ES NADA...

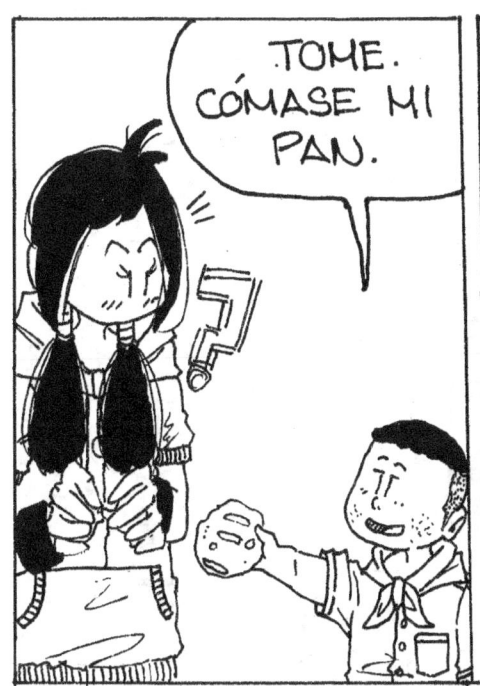

.TOME. CÓMASE MI PAN.

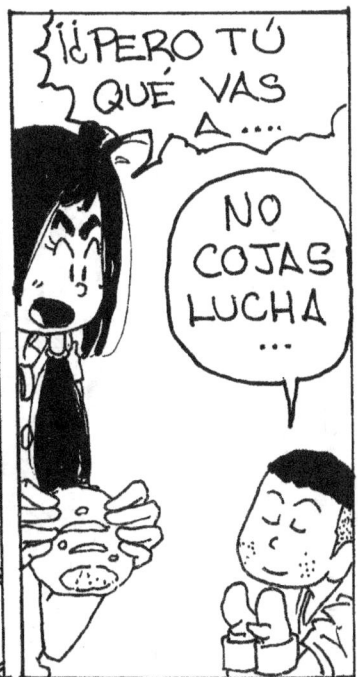

¡¿PERO TÚ QUÉ VAS A ....

NO COJAS LUCHA ...

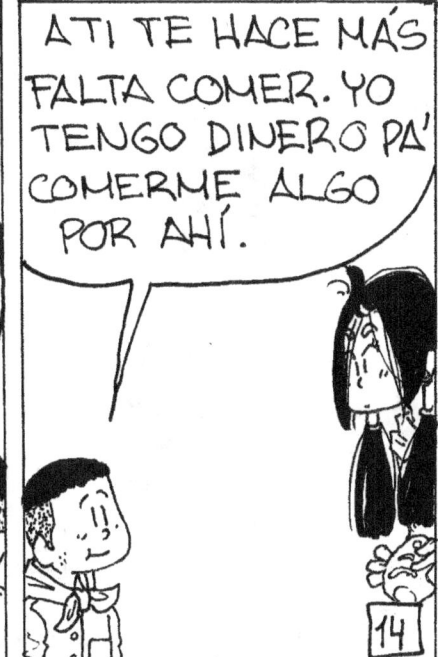

A TI TE HACE MÁS FALTA COMER. YO TENGO DINERO PA' COMERME ALGO POR AHÍ.

14

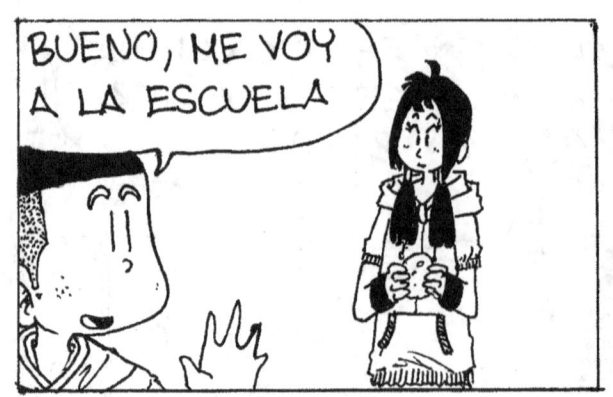

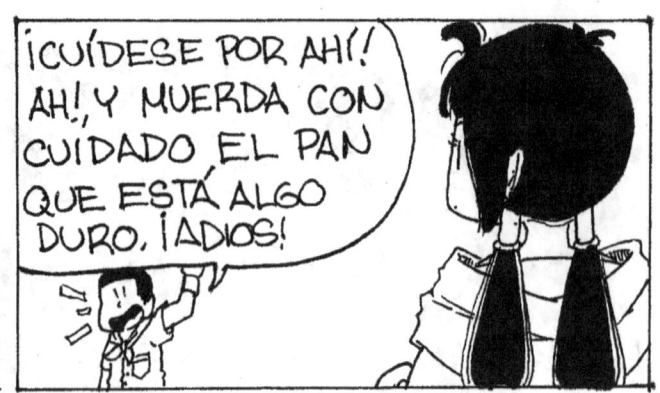

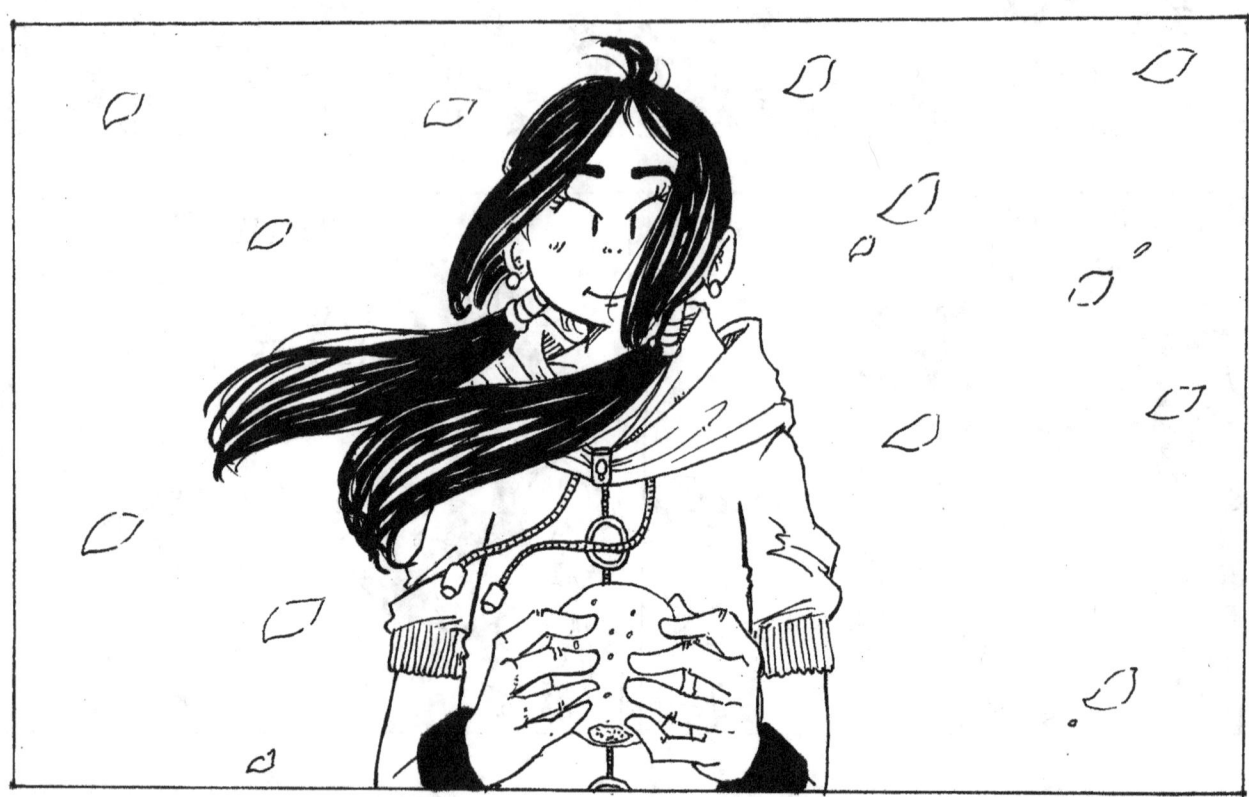

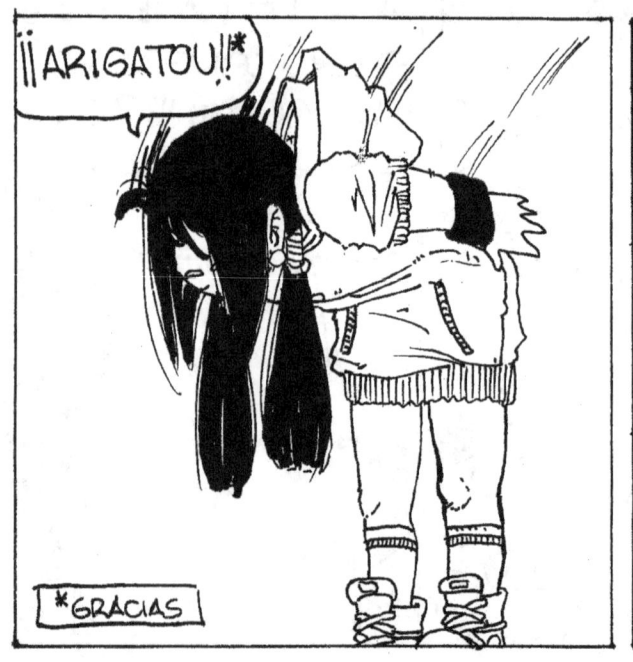

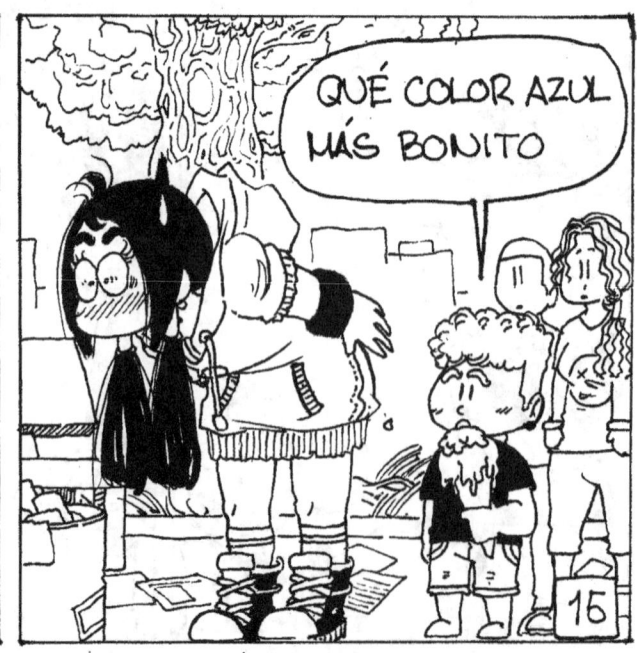

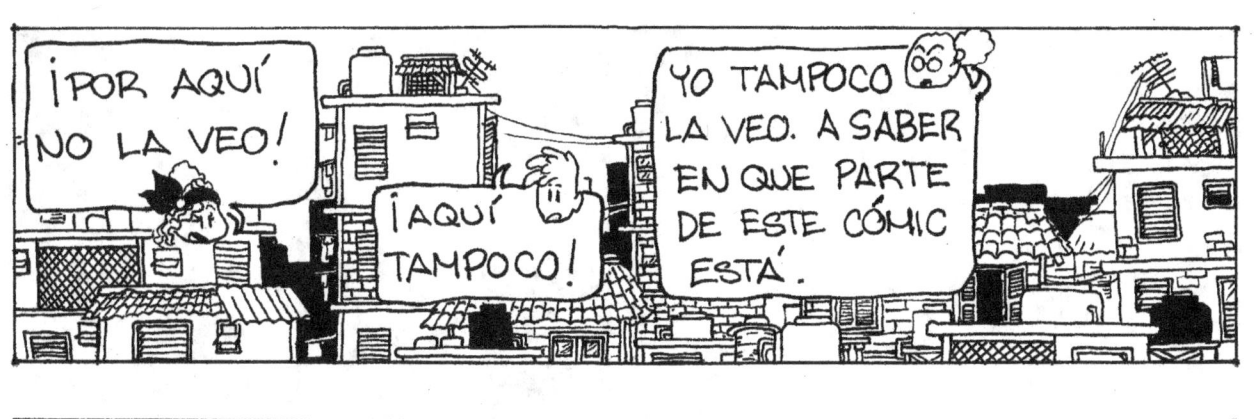

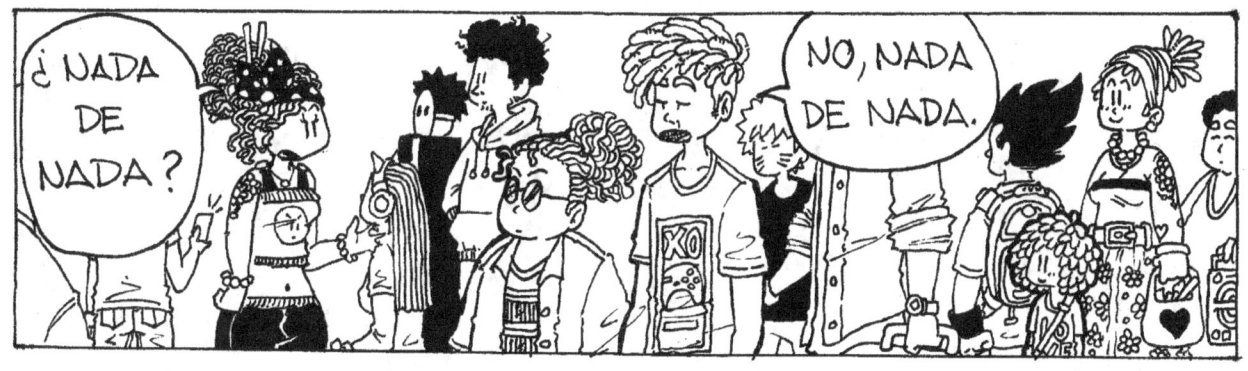

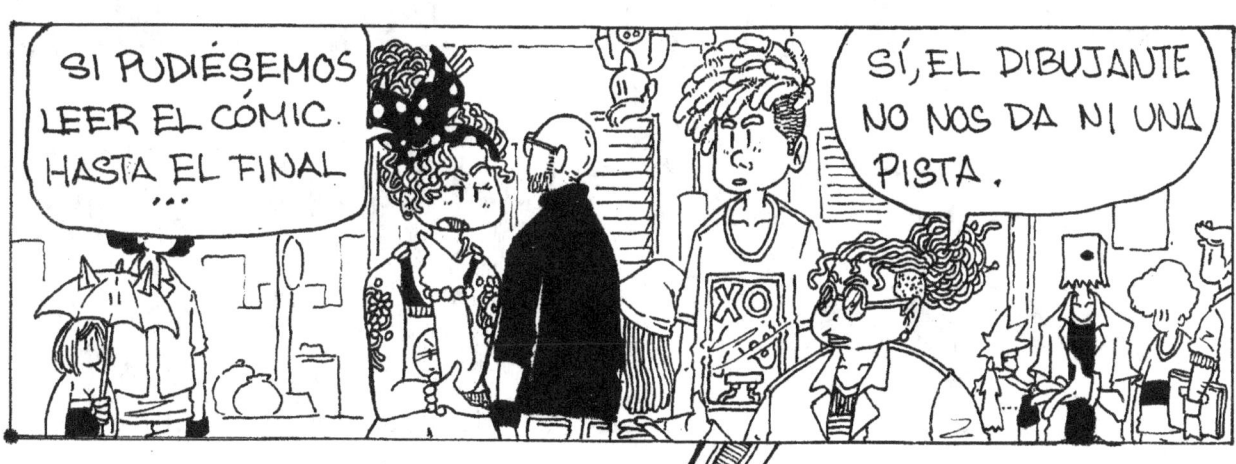

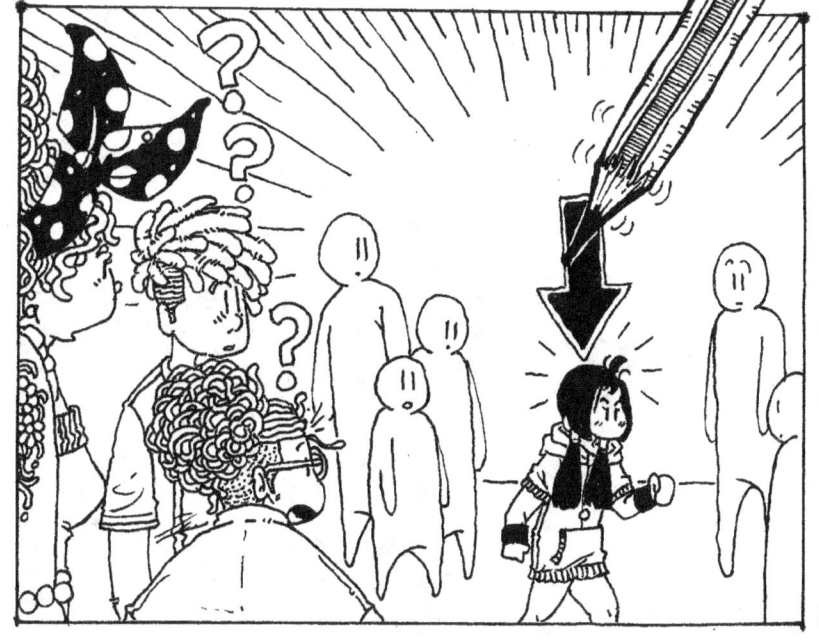

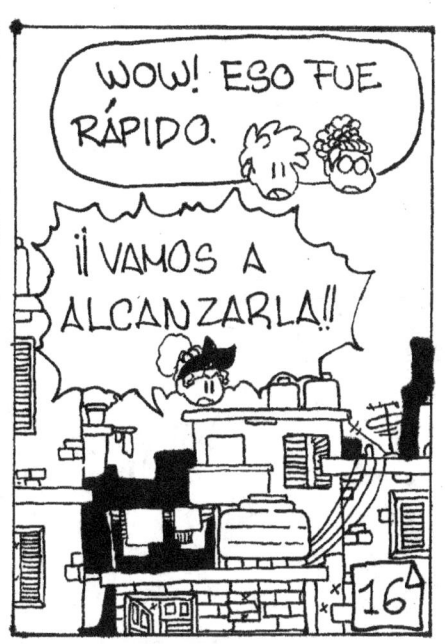

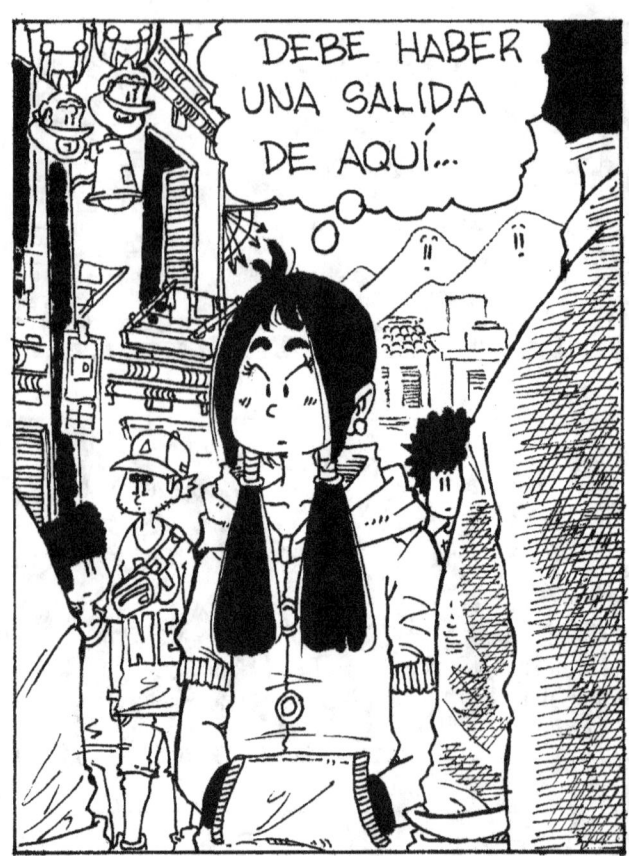

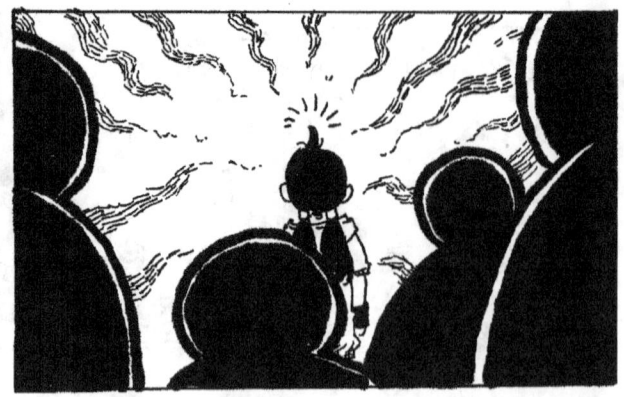

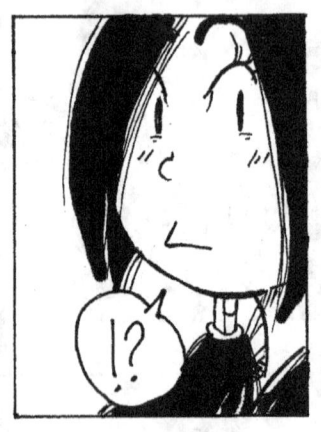

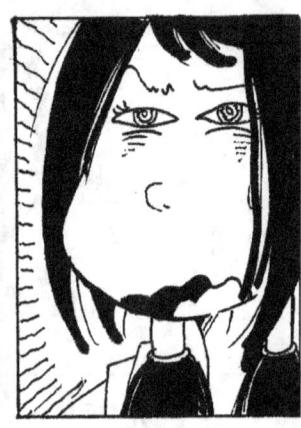

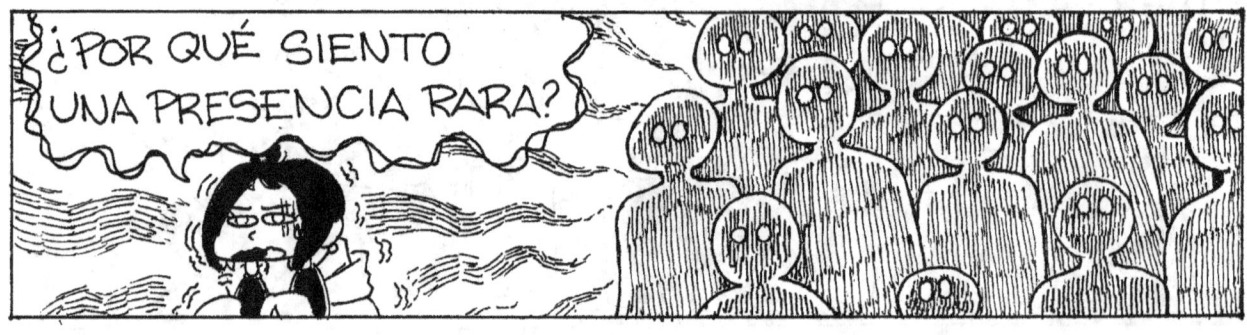

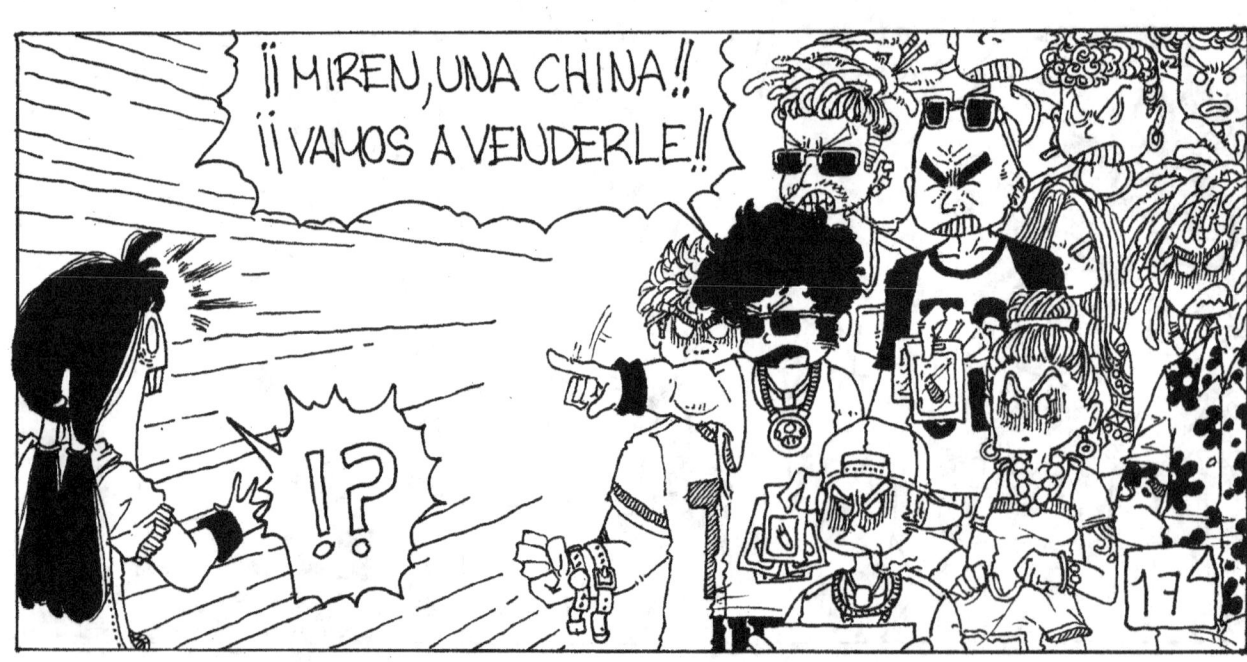

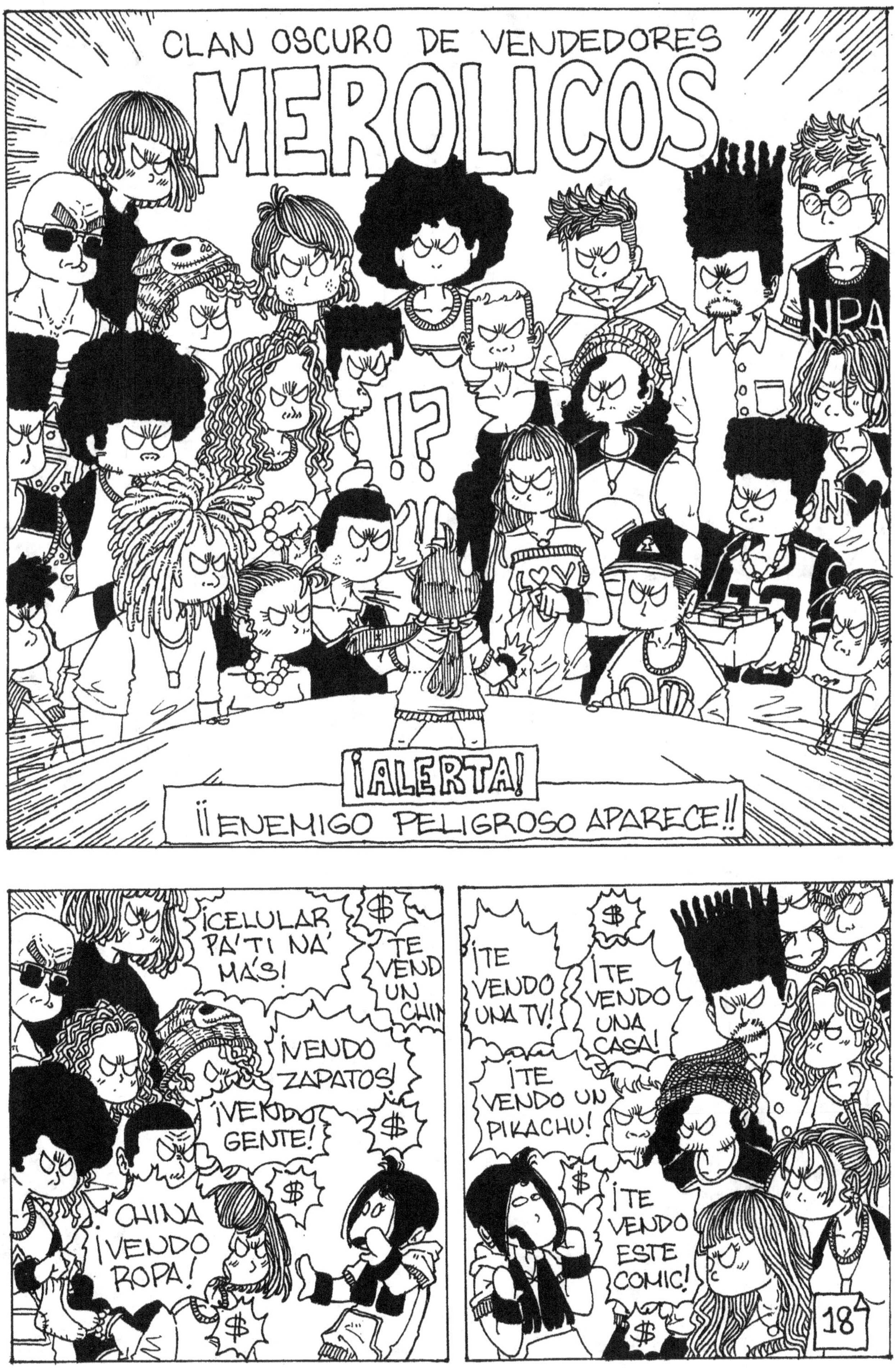

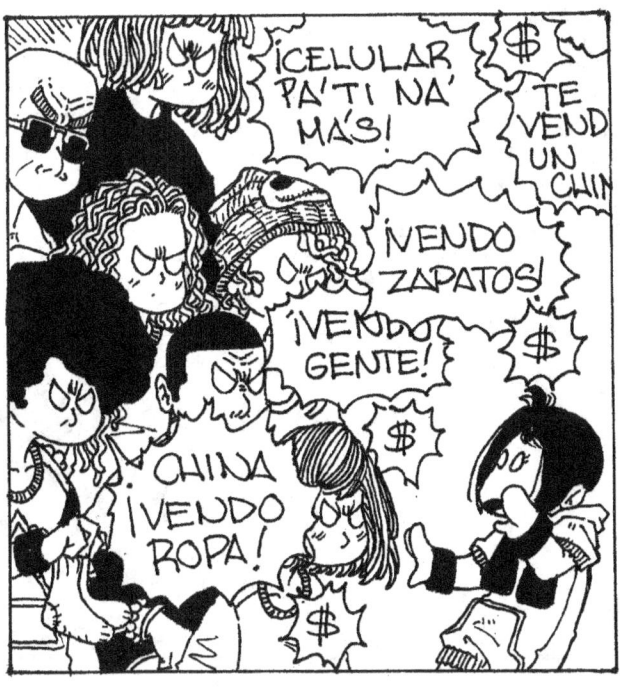

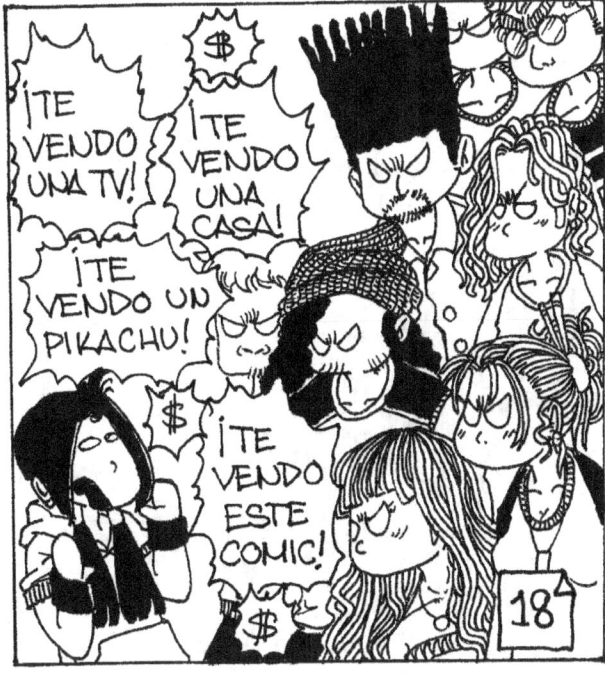

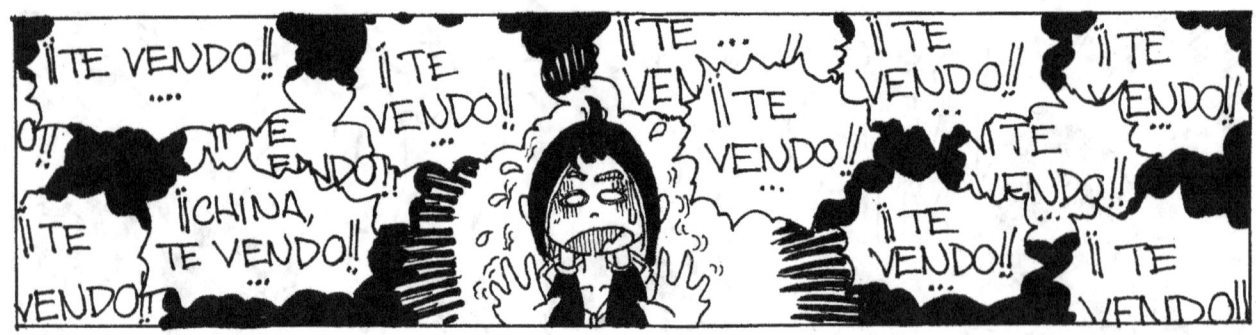

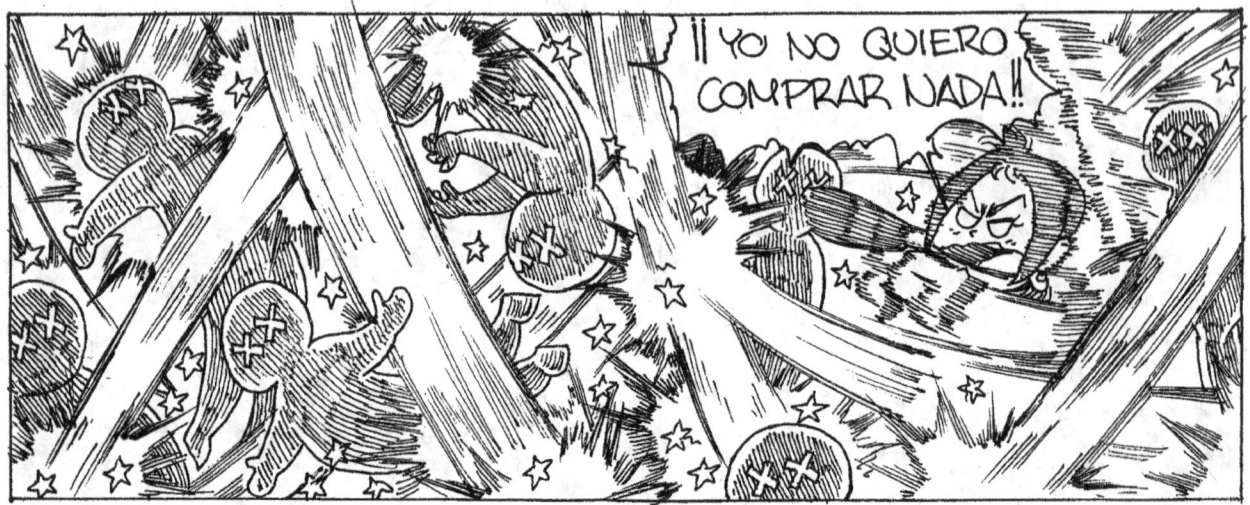

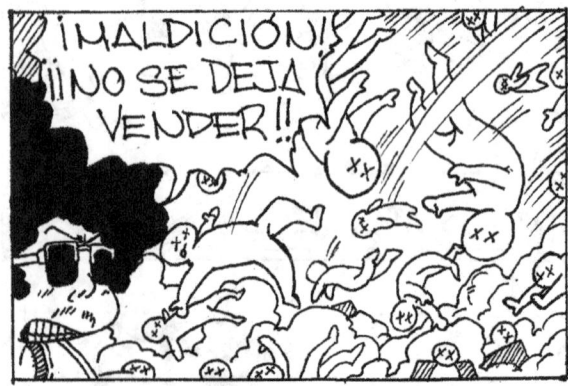

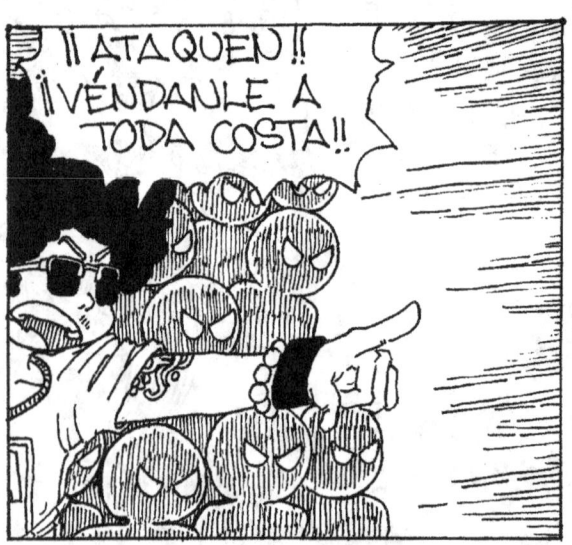

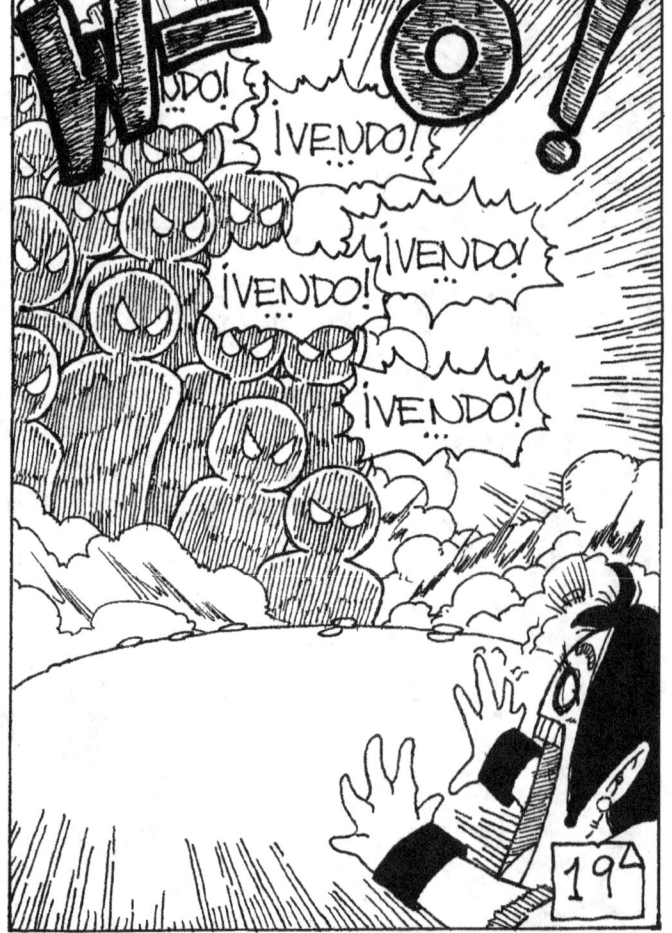

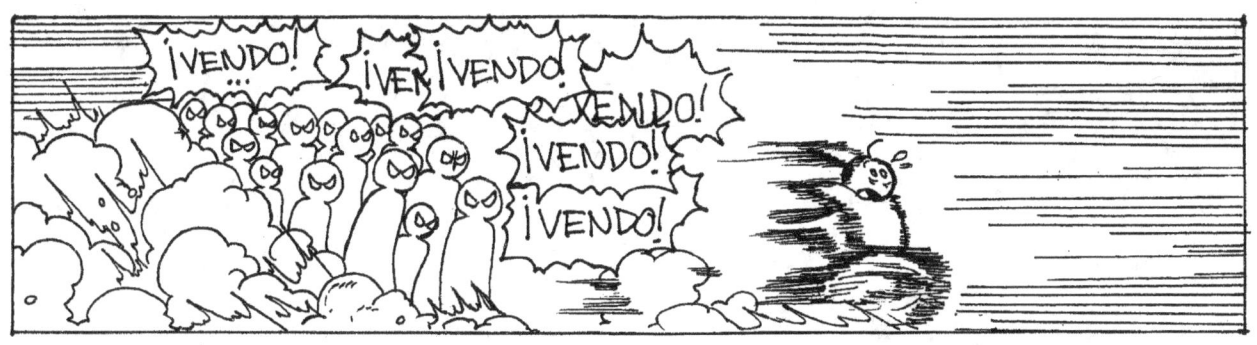

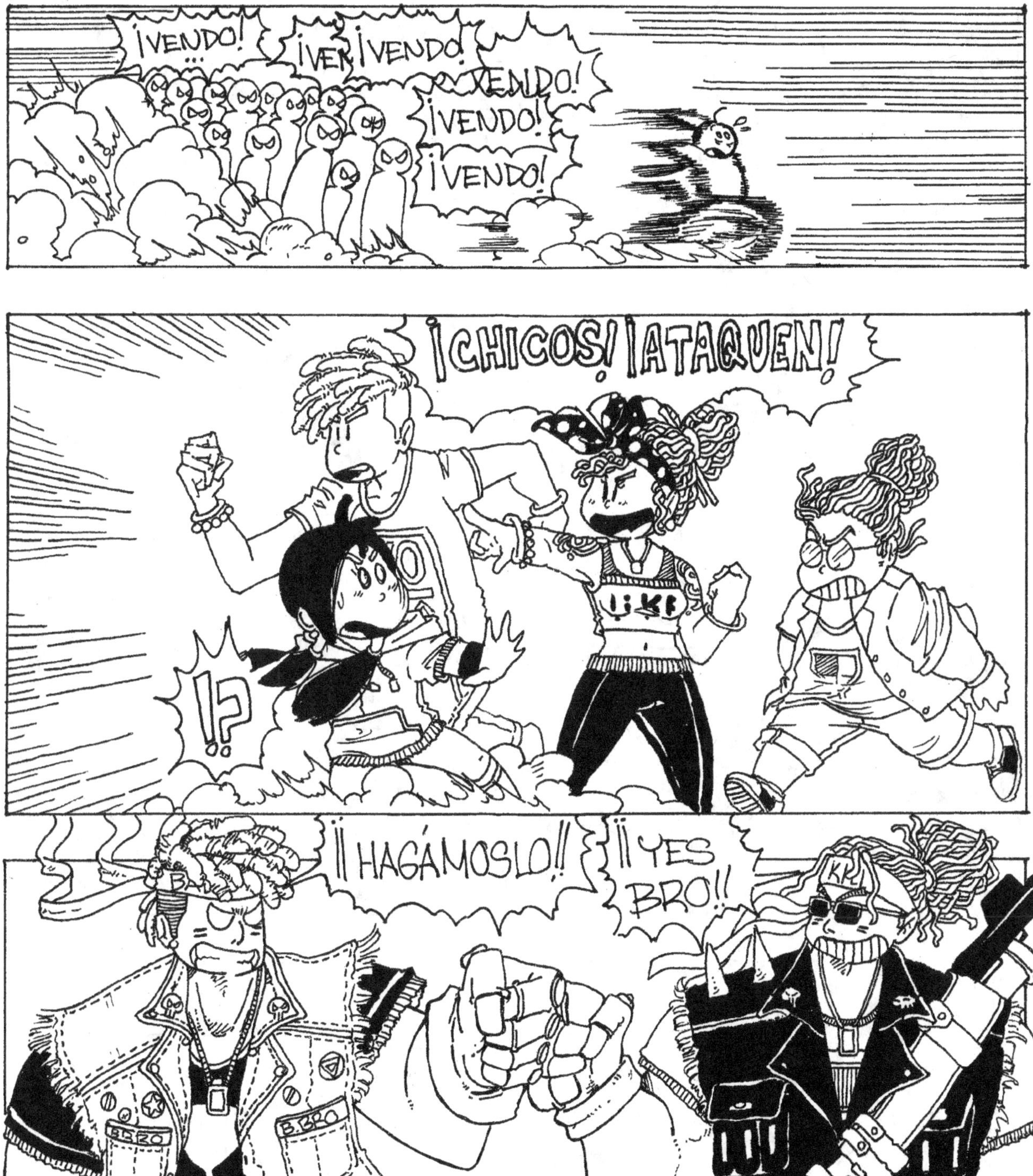

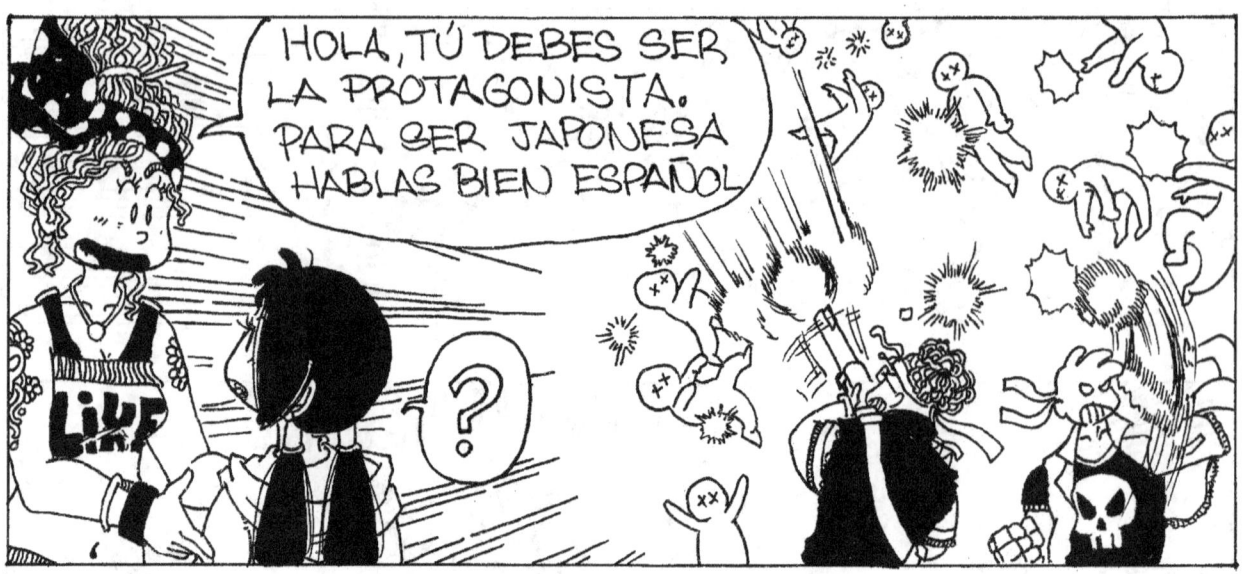

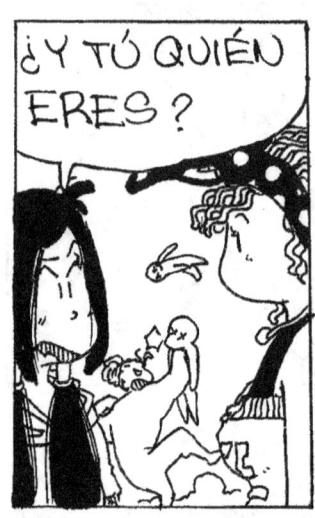

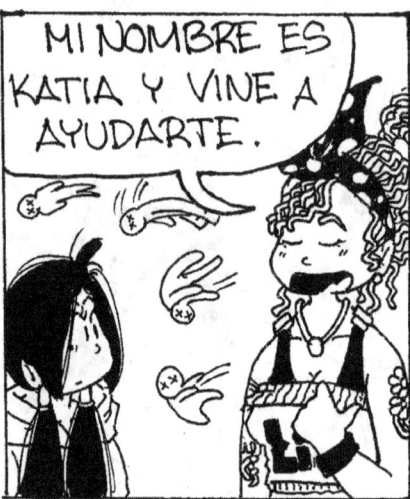

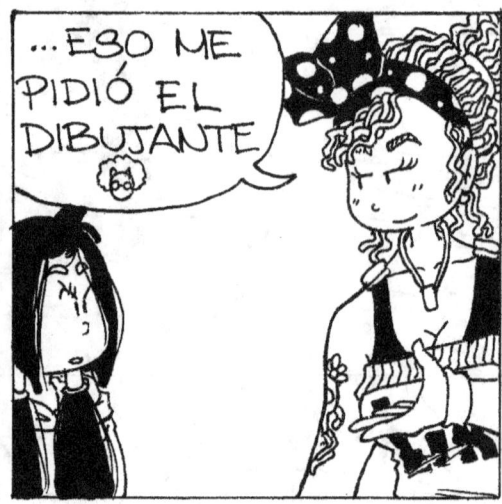

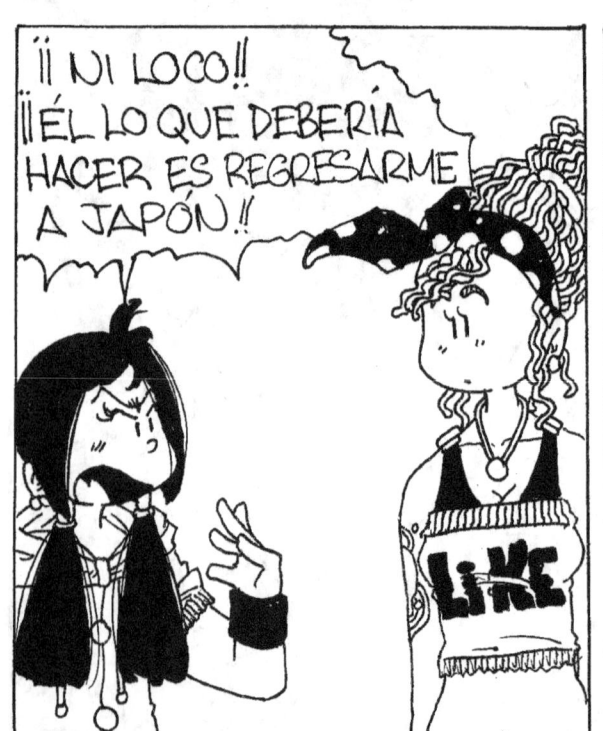

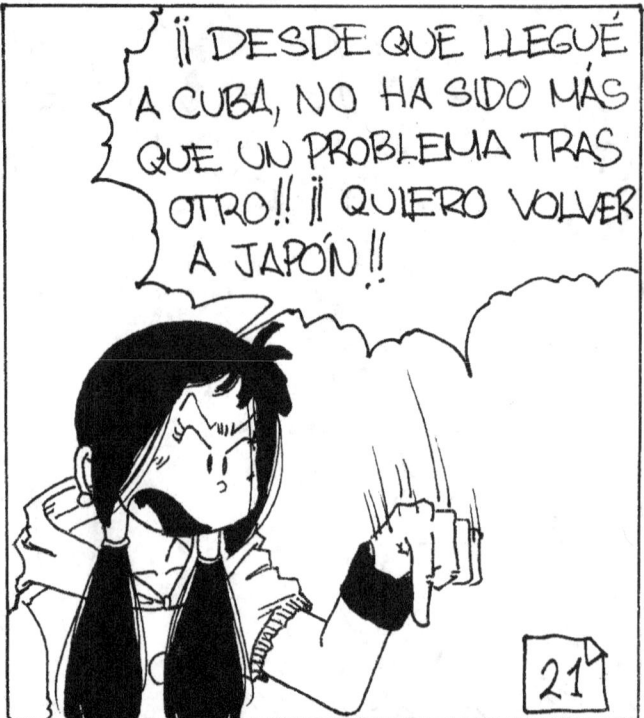

21

22

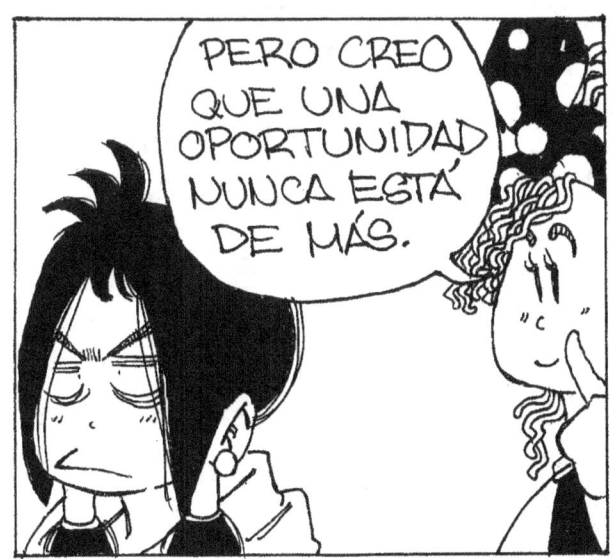

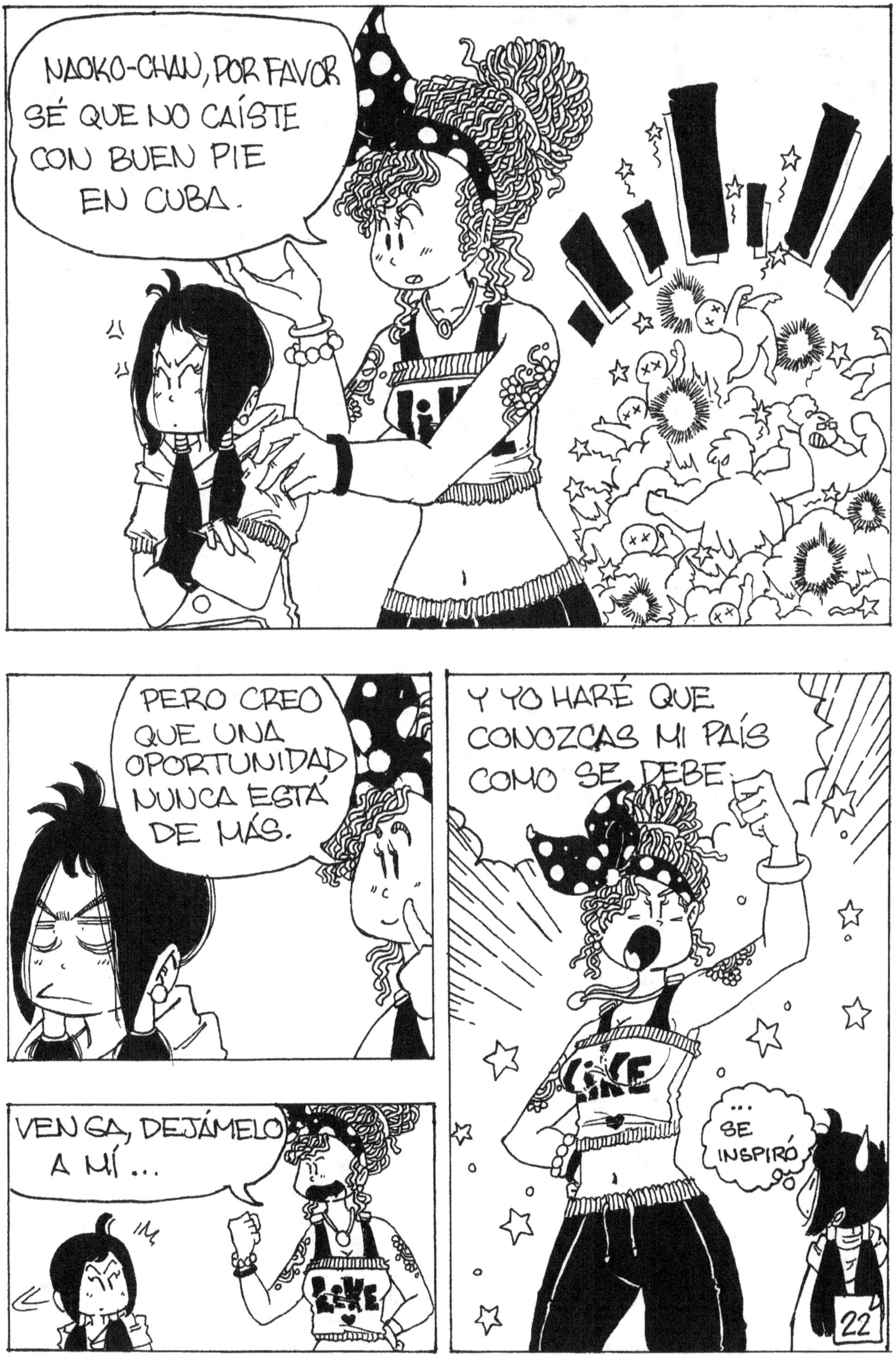

NAOKO-CHAN, POR FAVOR SÉ QUE NO CAÍSTE CON BUEN PIE EN CUBA.

PERO CREO QUE UNA OPORTUNIDAD NUNCA ESTÁ DE MÁS.

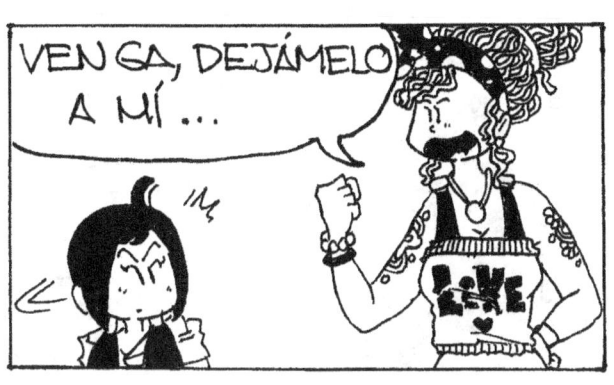

VENGA, DEJÁMELO A MÍ...

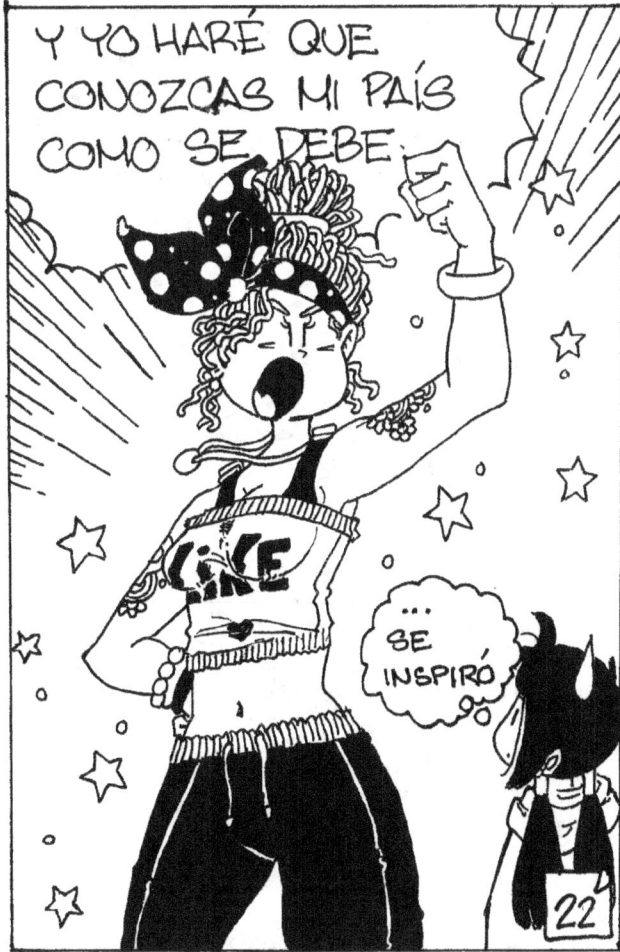

Y YO HARÉ QUE CONOZCAS MI PAÍS COMO SE DEBE.

... SE INSPIRÓ

22

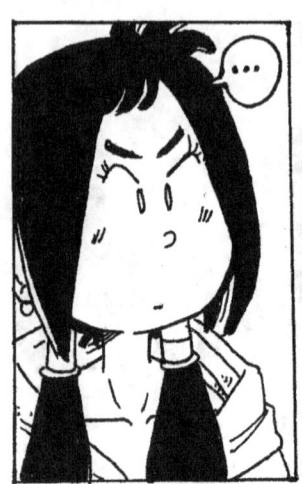

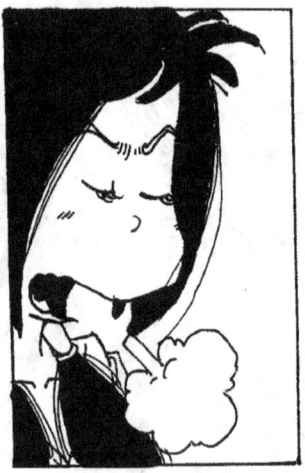

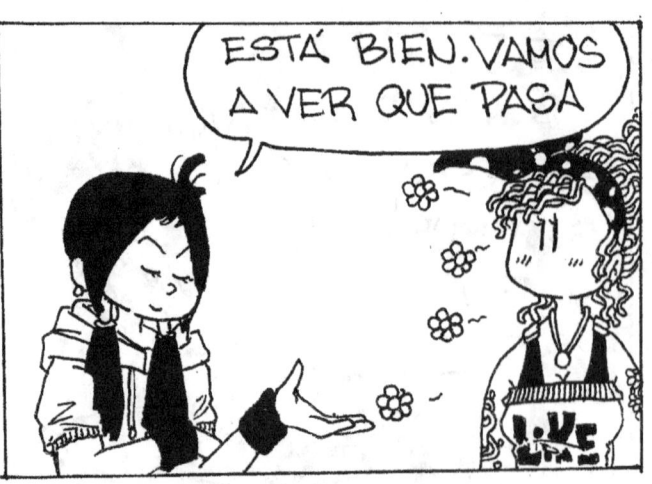

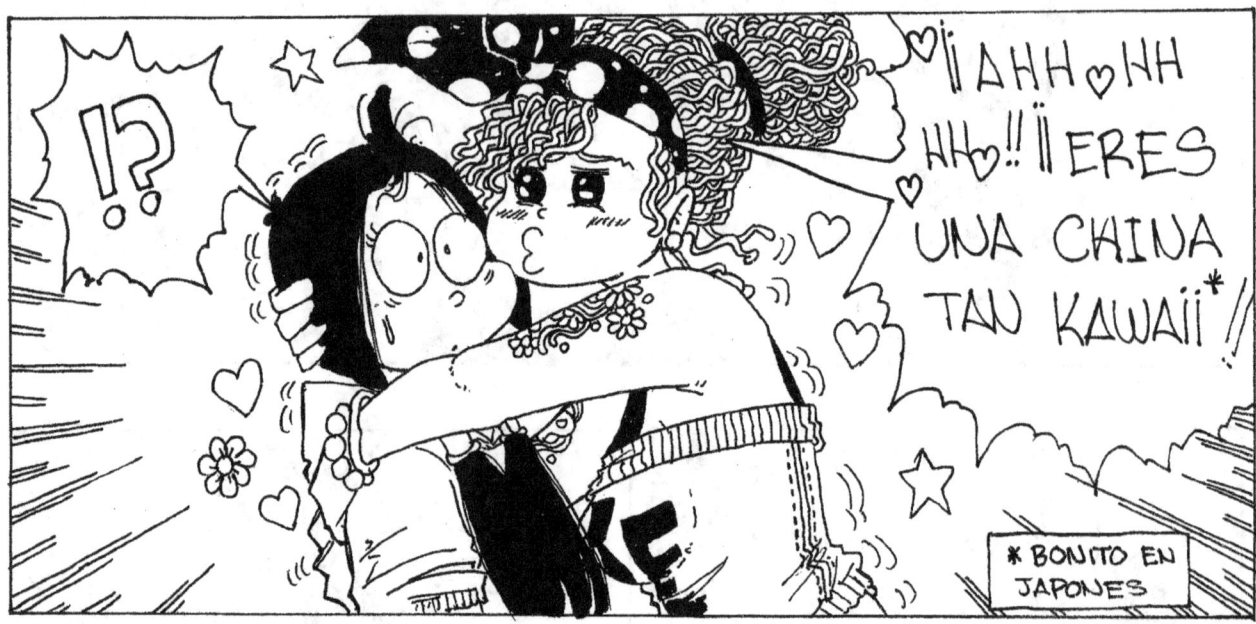

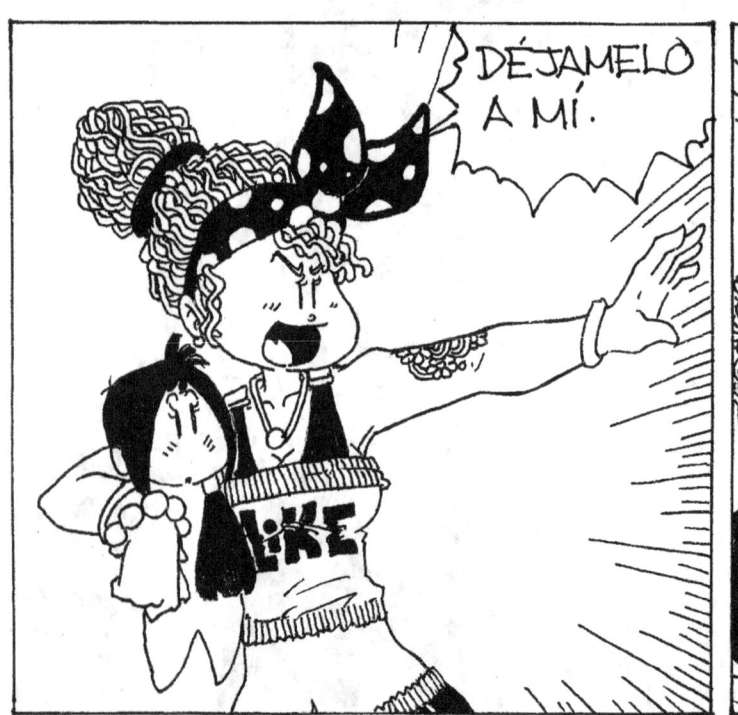

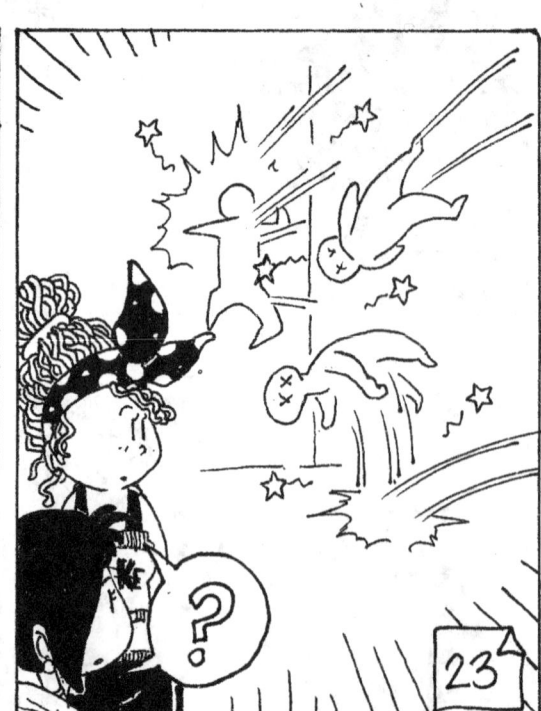

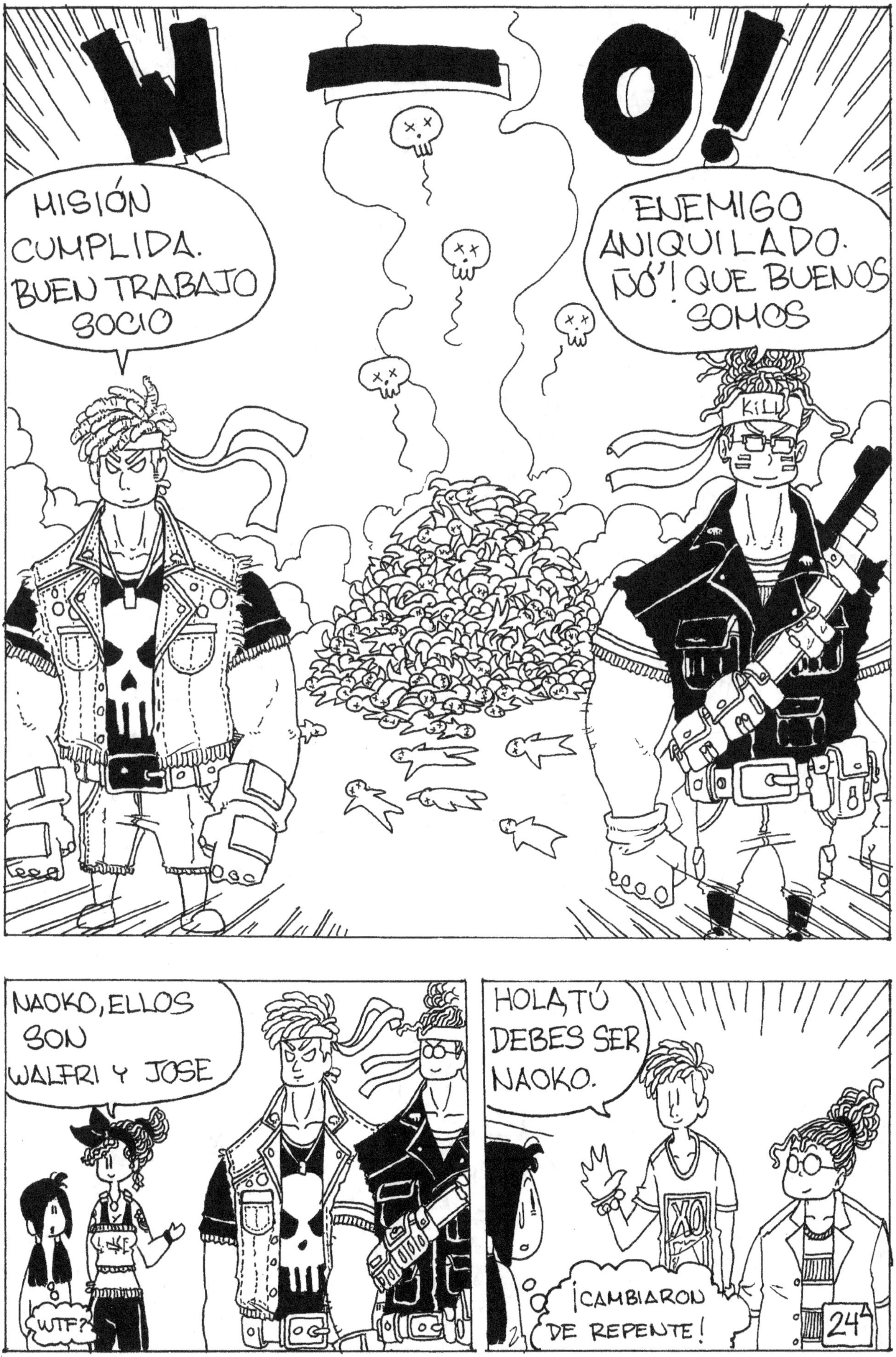

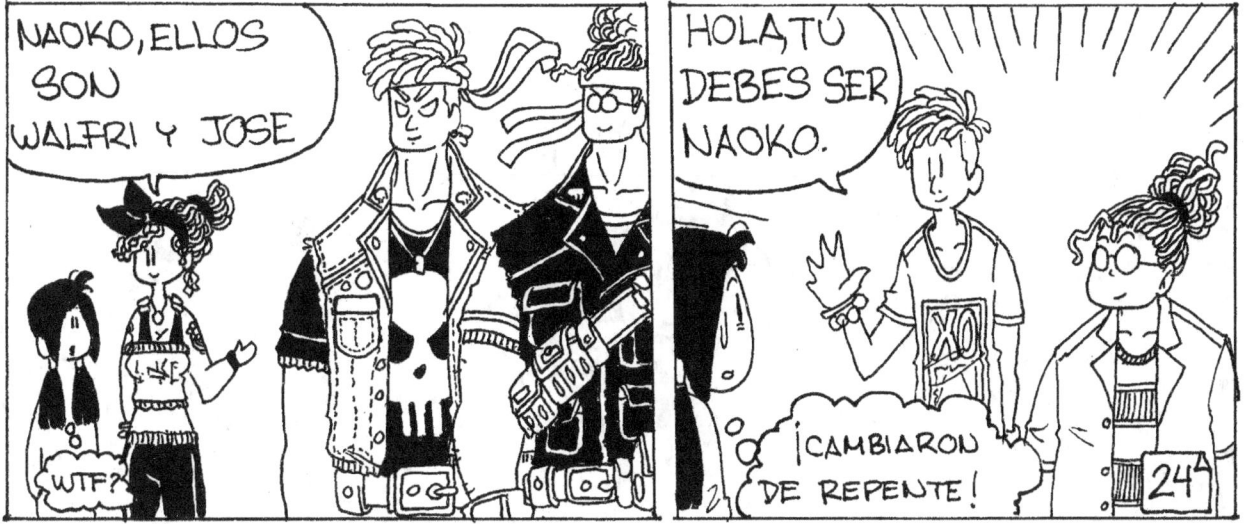

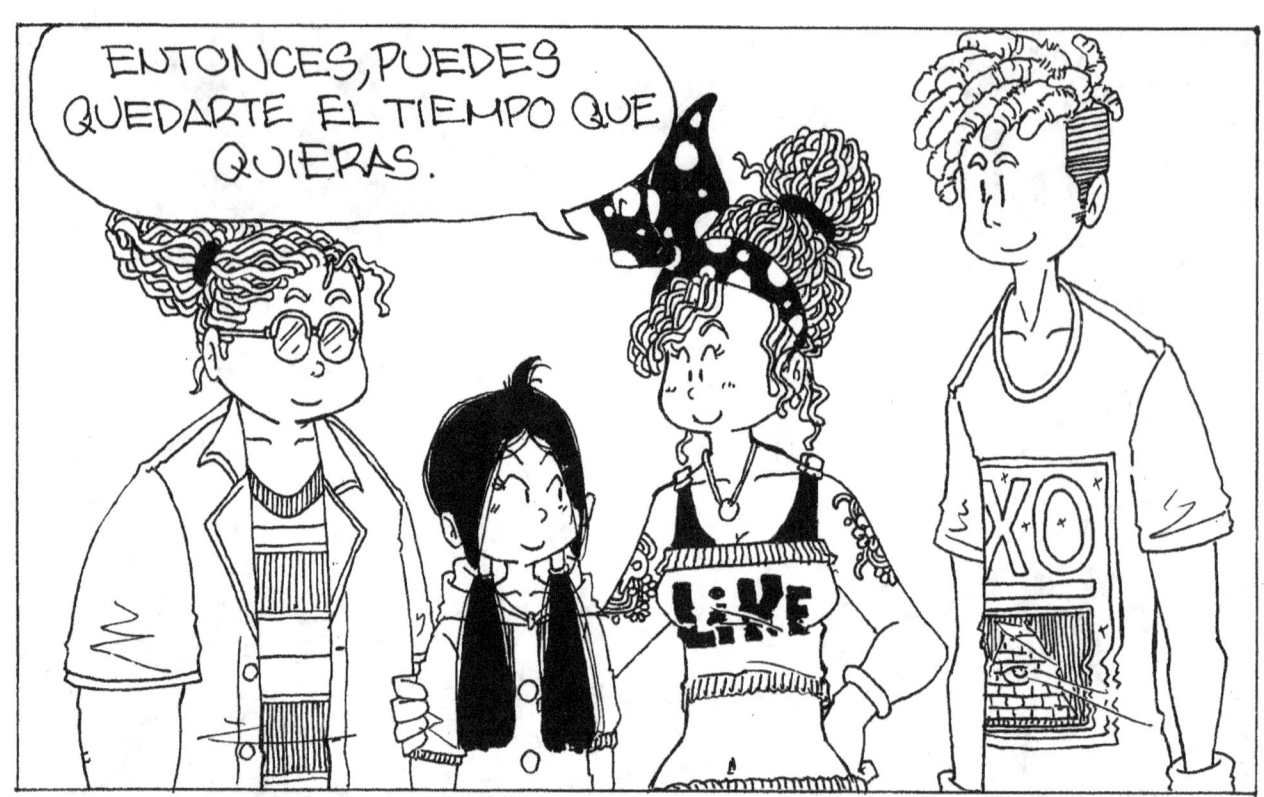

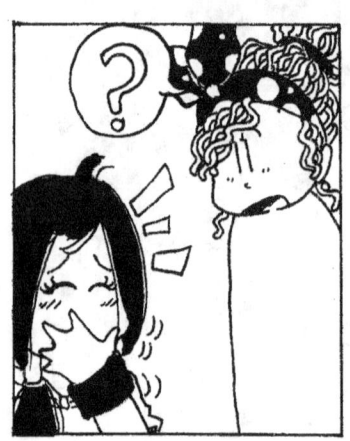

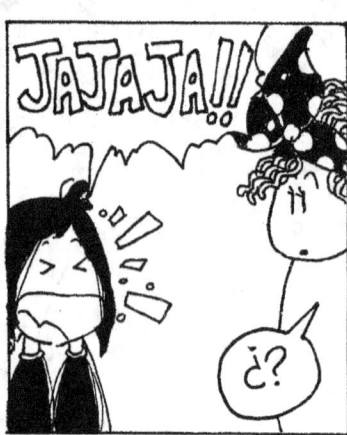

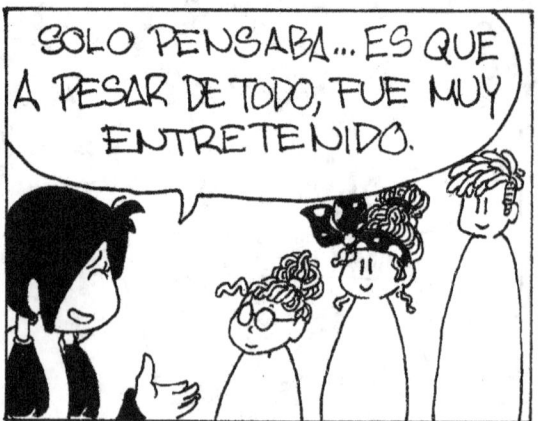

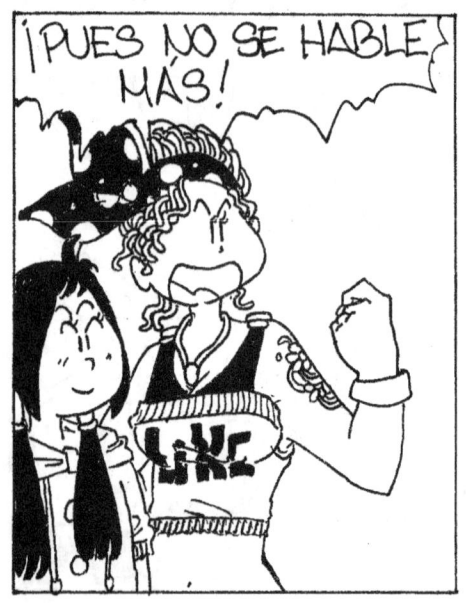

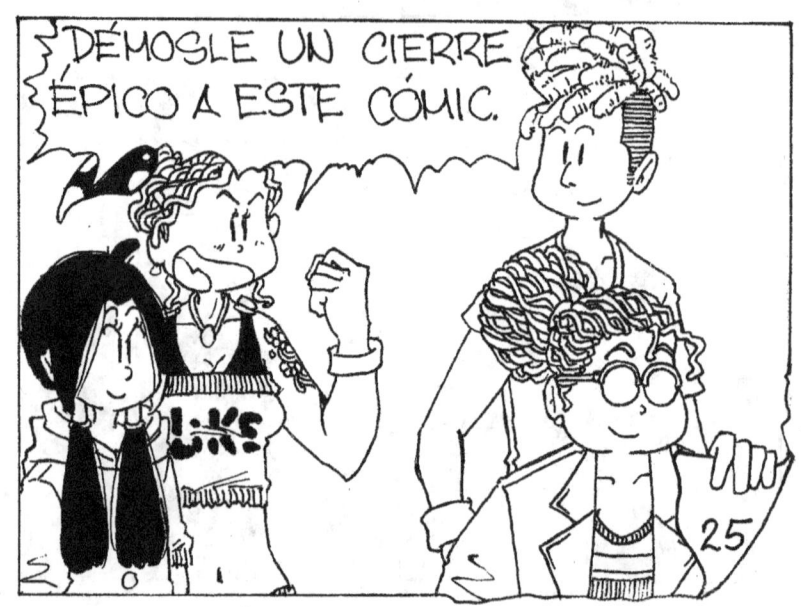

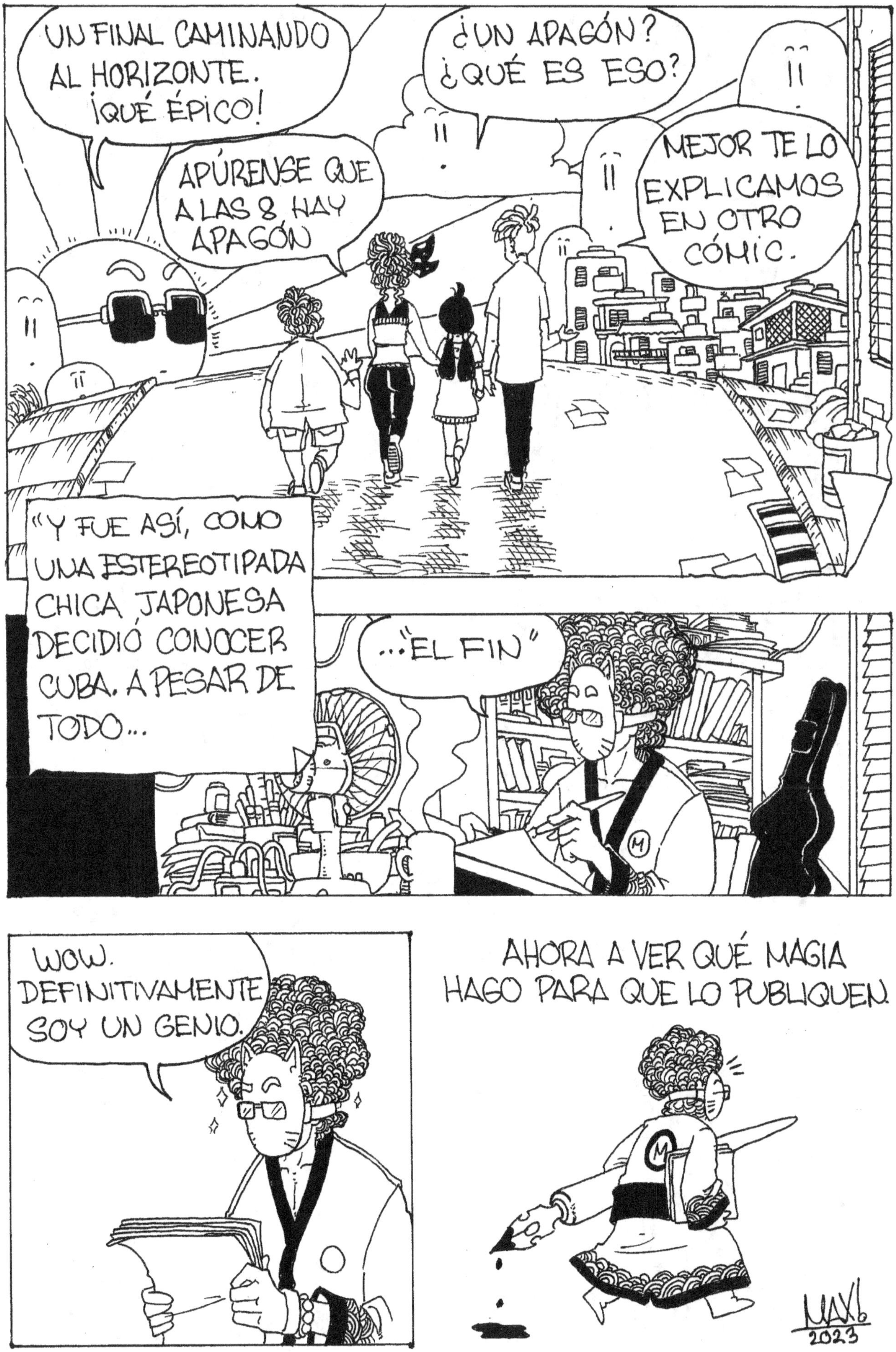

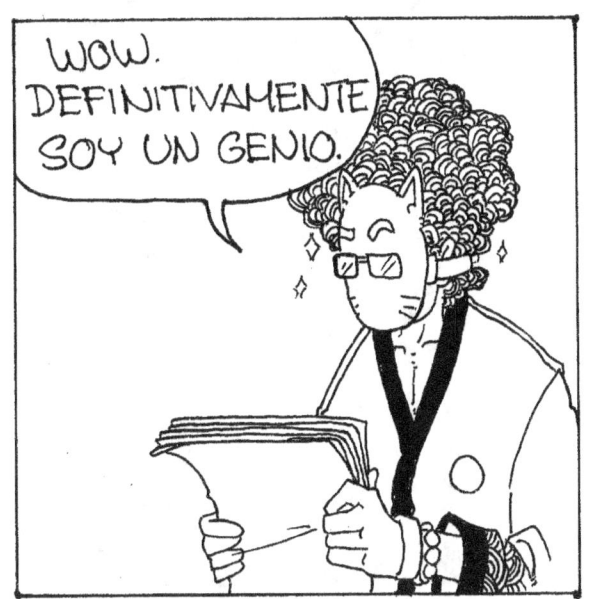
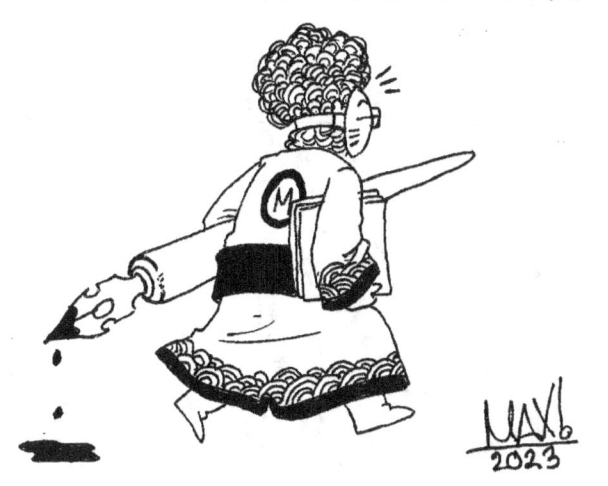

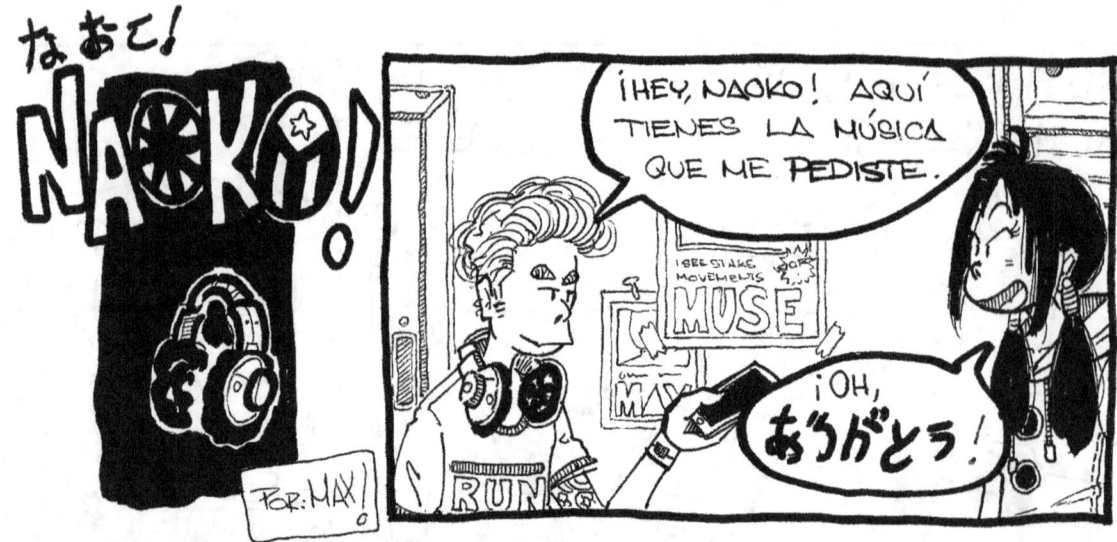

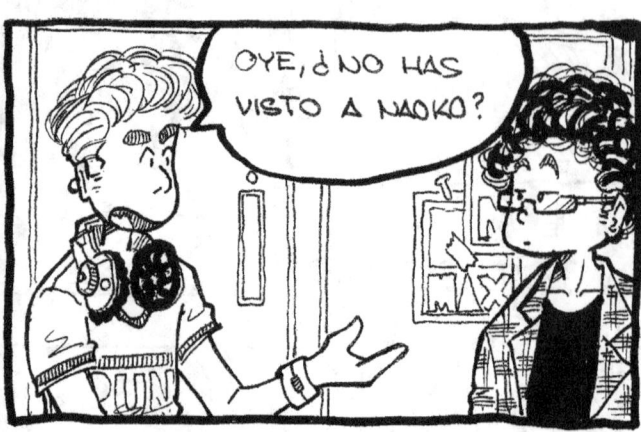

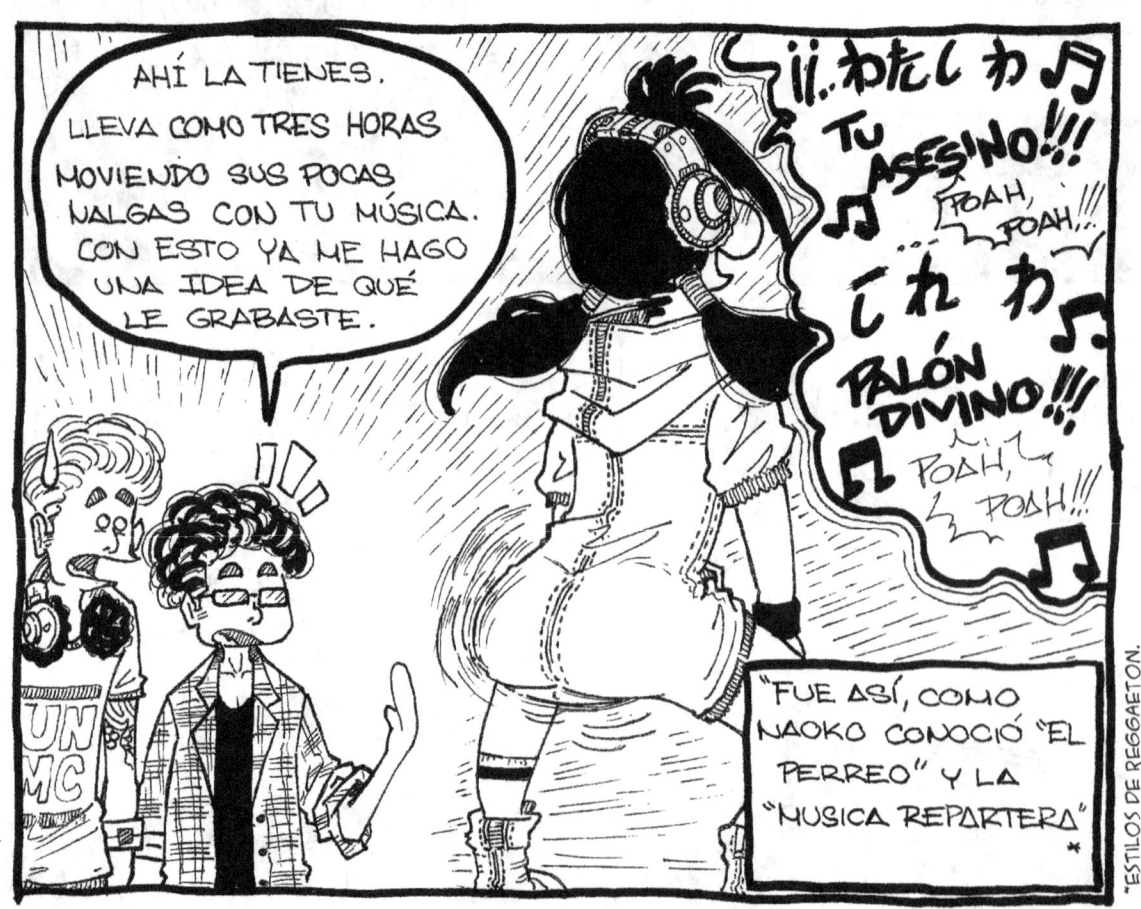

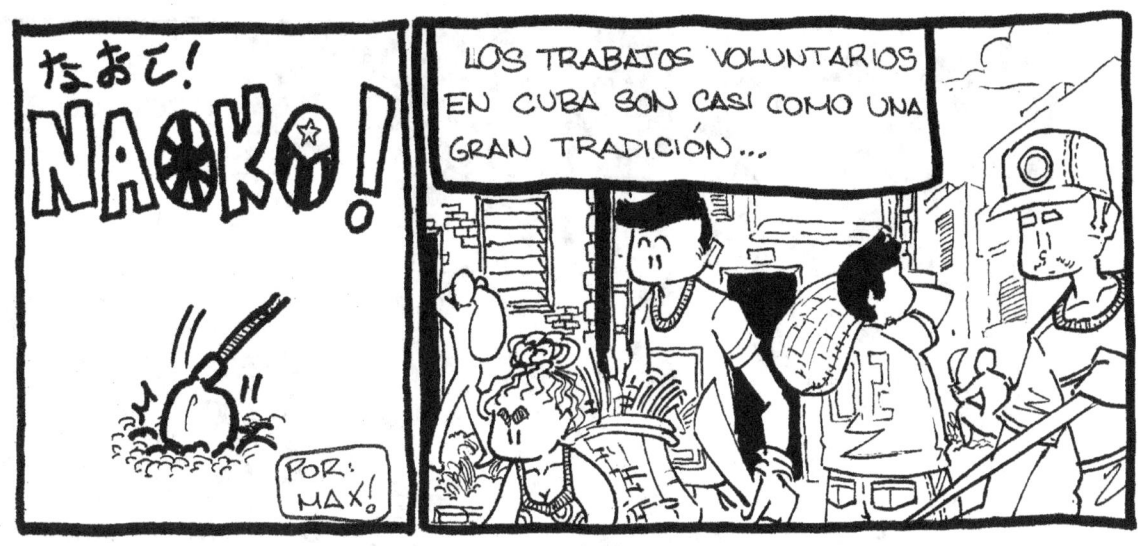

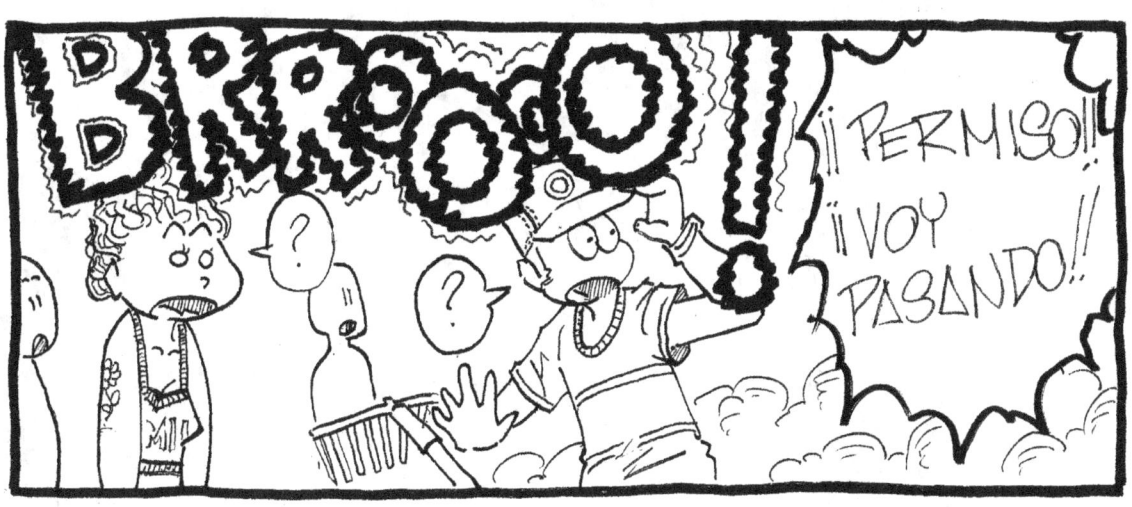

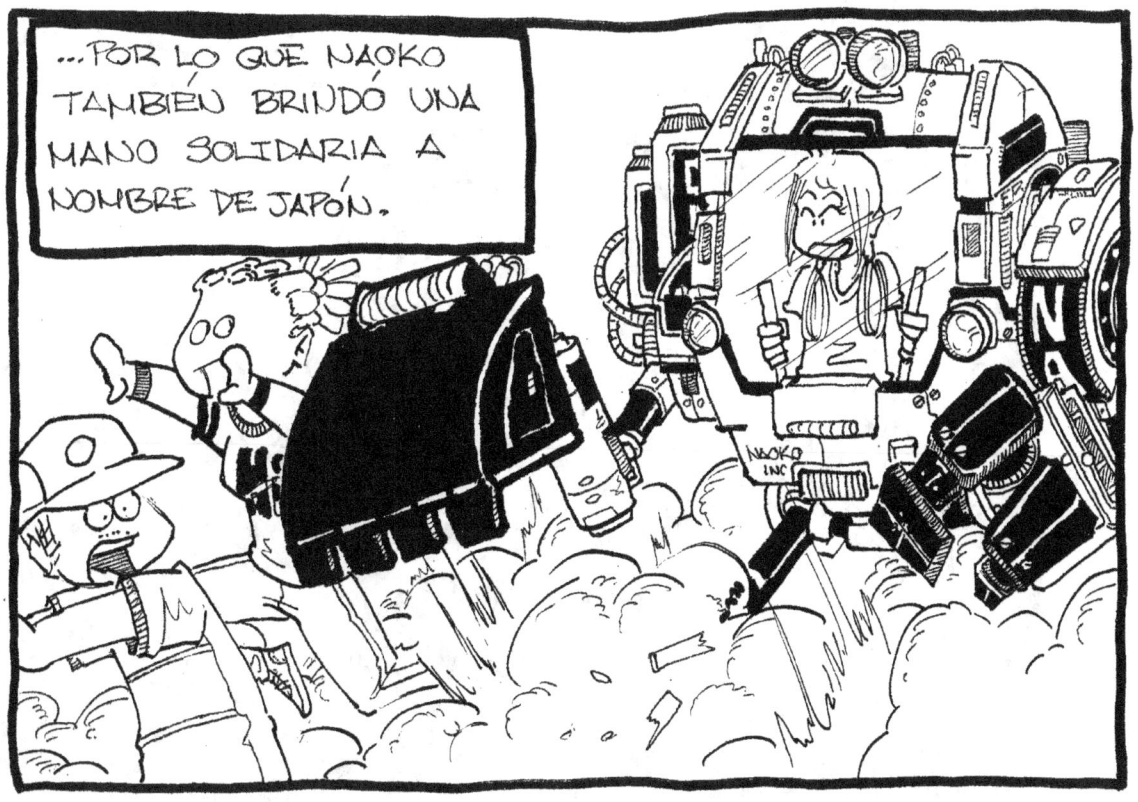

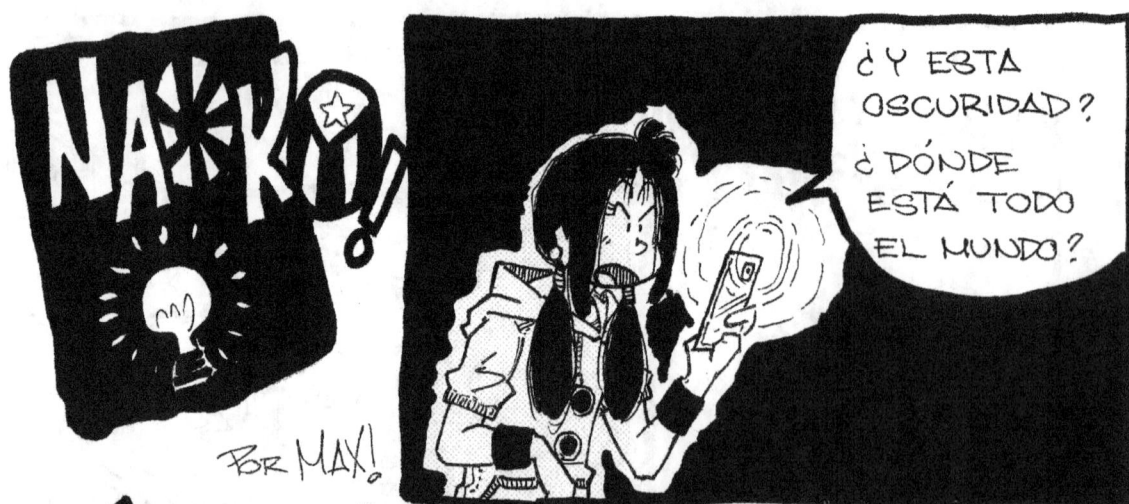

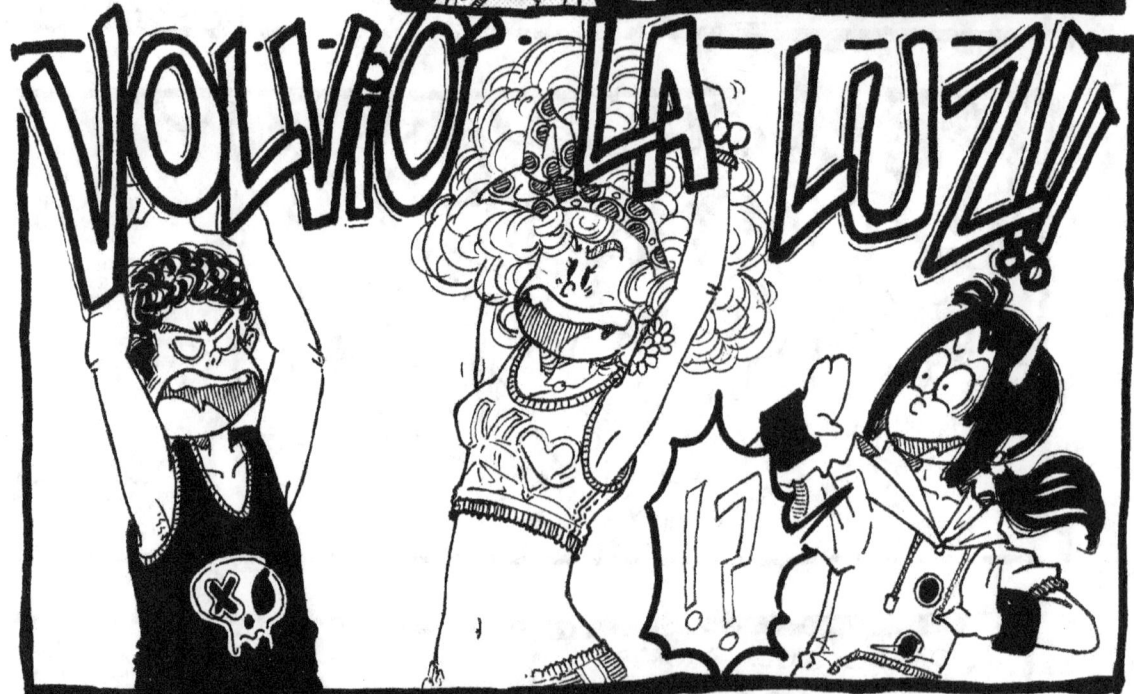

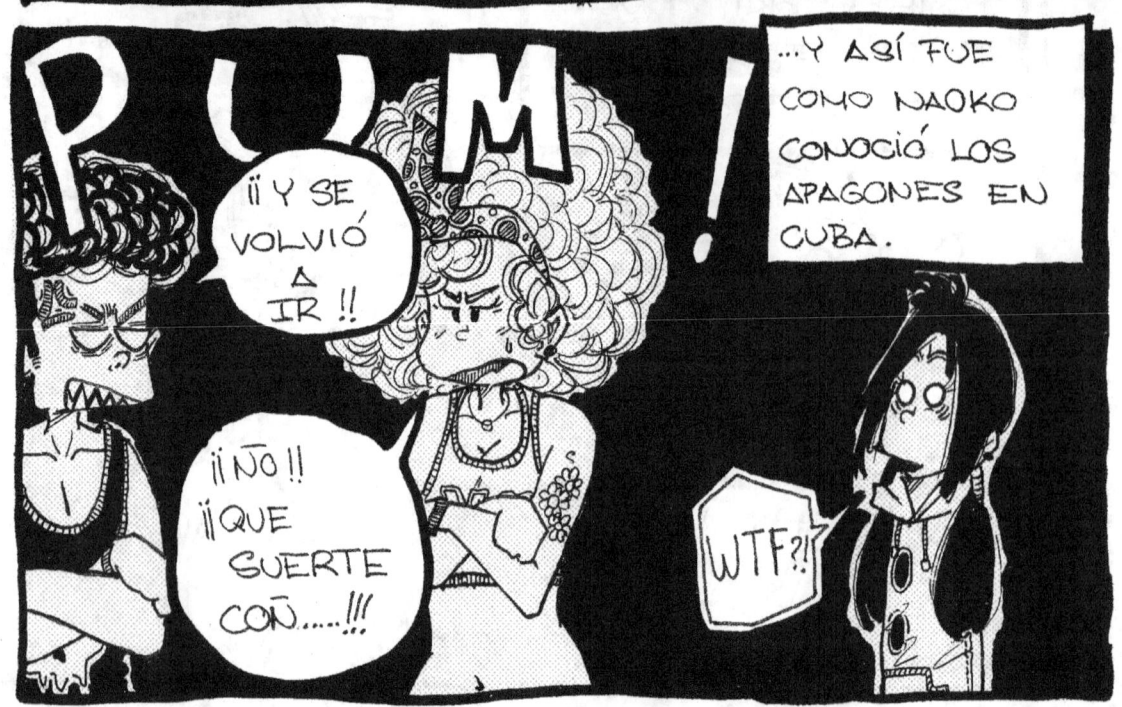

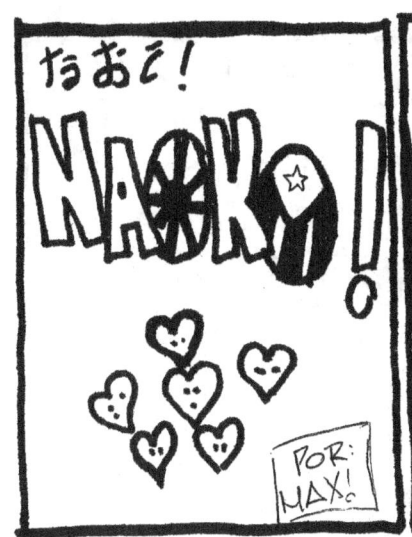

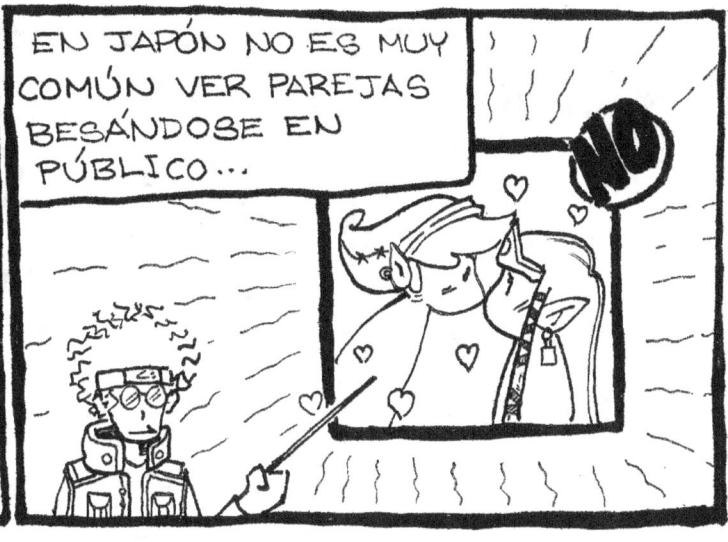

EN JAPÓN NO ES MUY COMÚN VER PAREJAS BESÁNDOSE EN PÚBLICO...

NO

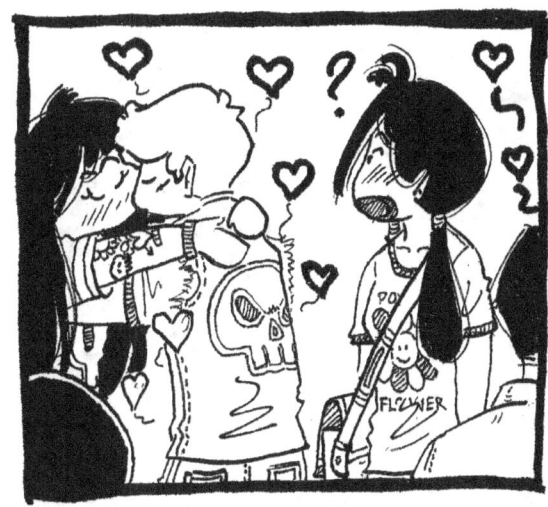

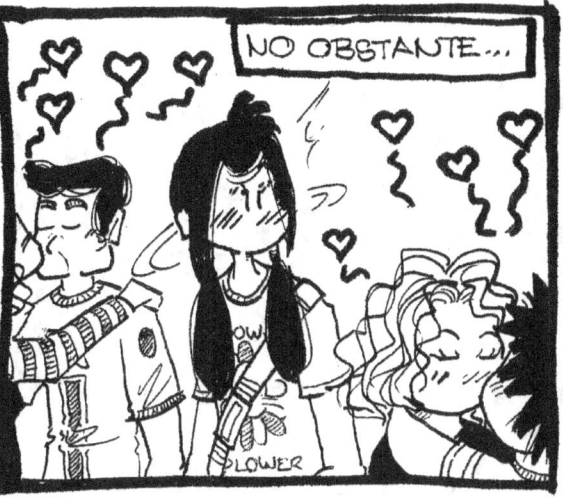

NO OBSTANTE...

...NAOKO APRENDIÓ QUE EN CUBA, EL AMOR ESTÁ EN TODAS PARTES. ♡♡♡

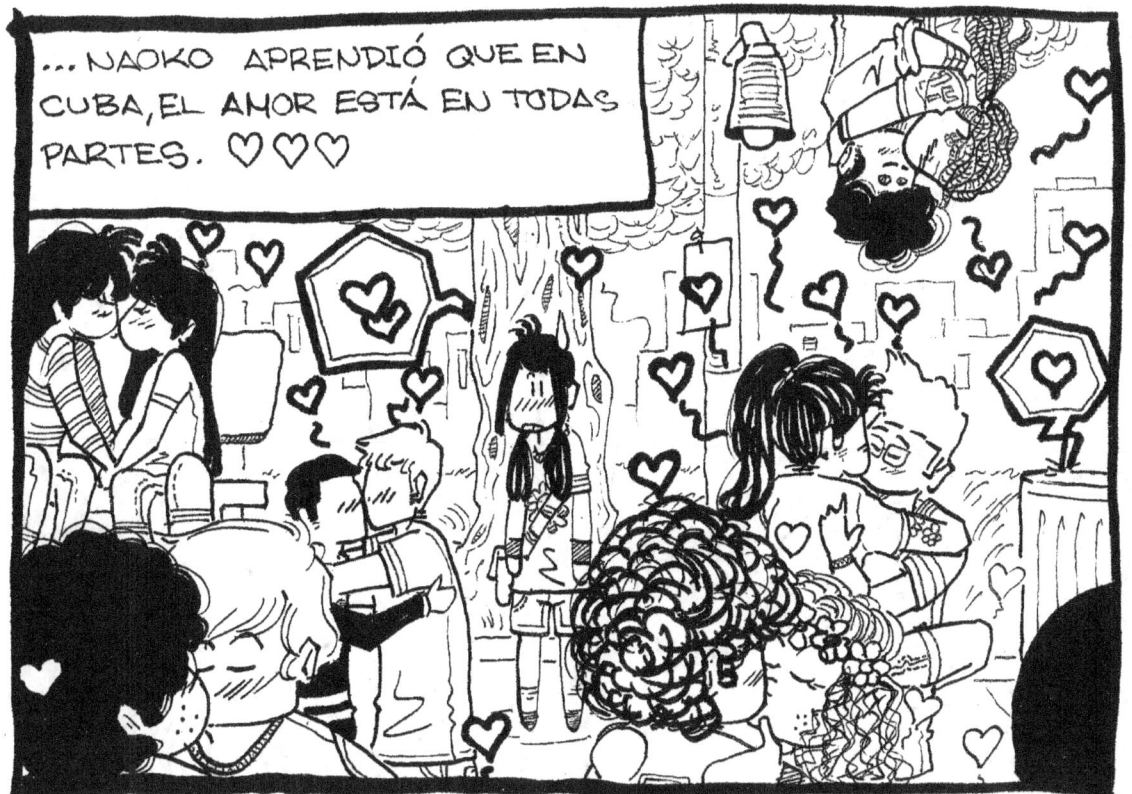

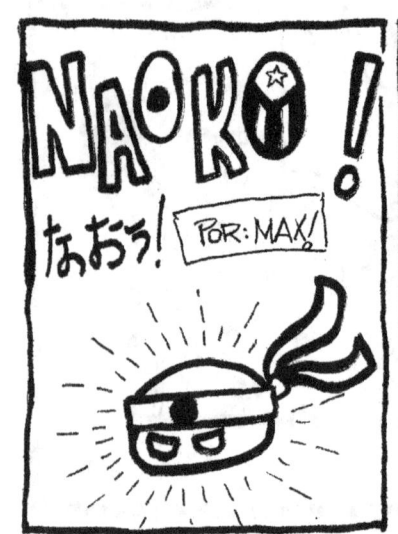

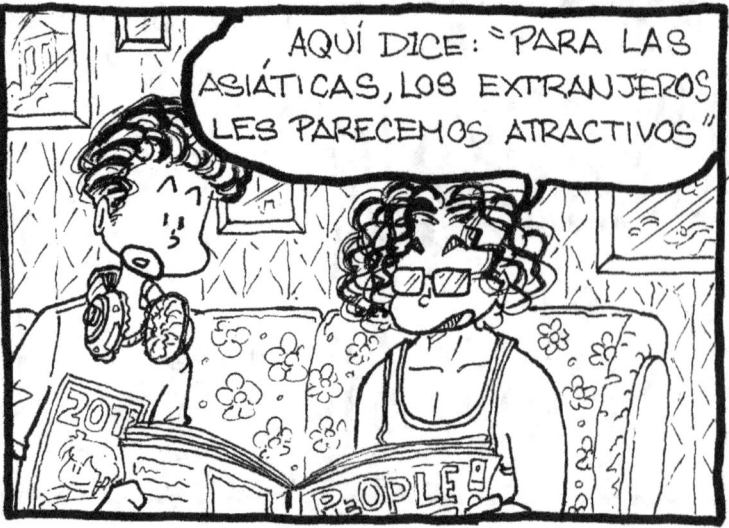

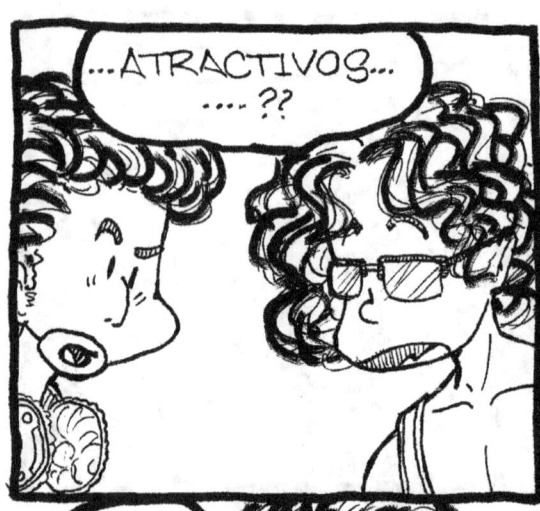

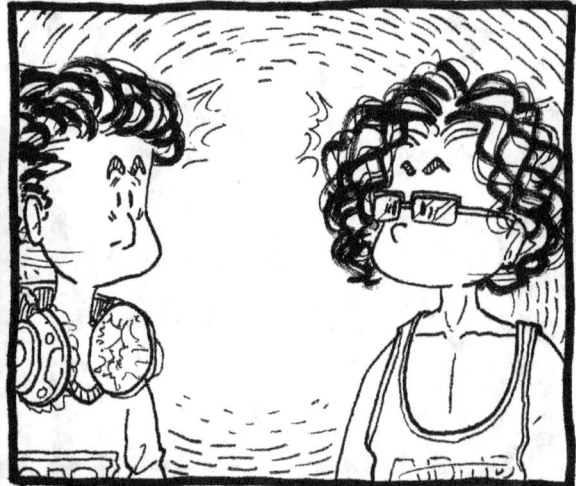

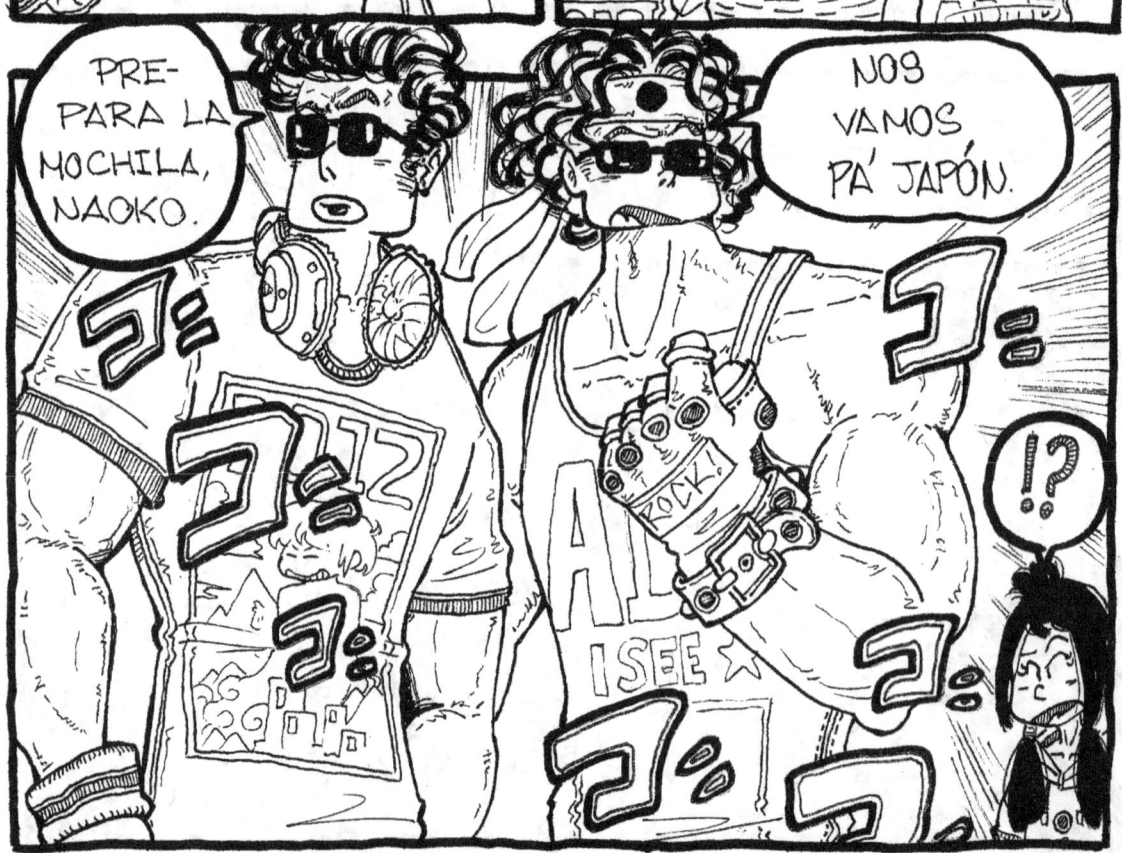